CRIANZA DE NIÑOS CON TDAH SIMPLIFICADA

LA GUÍA ESENCIAL PARA GESTIÓN EFECTIVA
DEL COMPORTAMIENTO, ÉXITO ACADÉMICO
POTENCIADO, Y MEJORA DE LA ARMONÍA
FAMILIAR

LUCY MARVAR

ÍNDICE

INTRODUCCIÓN

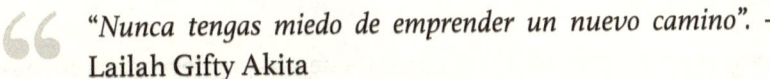

"Nunca tengas miedo de emprender un nuevo camino". - Lailah Gifty Akita

Fue el sonido más hermoso que jamás había escuchado: una sinfonía al nacer que solo un padre puede apreciar, ese primer llanto. Esa fue mi experiencia, aunque no se limita únicamente al nacimiento. El acogimiento y la adopción... bueno, todos compartimos ese asiento de primera fila.

Desafortunadamente, tenía toda la idea de la paternidad completamente resuelta... o eso creía. Claro que sí, todos lo tenemos perfectamente planeado: la crianza, la educación, los deportes, lo que sea, verdad? Solo quería lo mejor y apuntaba hacia las estrellas.

Sin embargo, parece que alguien más tenía sus propios planes. Llámalo personalidad, llámalo peculiaridades... sí, rarezas. ¿Actividades extracurriculares? ¿ escuela? Fiestas de cumpleaños y interacciones sociales? Era como navegar por un campo minado de encuentros inesperados y períodos de atención fugaces.

Lo peor de todo era que nada funcionaba, por mucho que intentara explicar, regañar o advertir. ¿Por qué mi hijo no es "normal"?¿Acaso otros padres tienen algún manual secreto para esto?¿Estoy fallando como padre?

Mientras me preguntaba y deseaba que mi hijo fuera "normal", me embarqué simultáneamente en una búsqueda para mejorar mi crianza. Puede que el problema estuviera en mí desde el principio. Así que introduje una serie de actividades, con la esperanza de que algo se pegara; sin embargo, fue inútil. Estaba perdida. Al fin y al cabo, no vienen con instrucciones cuando nacen. Poco a poco empezaron a aparecer la frustración, el estrés y la ansiedad. No podía comprender el olvido; parecía como si mi hijo viviera en un mundo diferente. Sentía como si hubiera una puerta cerrada entre nosotros, y yo no tenía la llave adecuada para abrirla y conectar adecuadamente con mi hijo.

Cuando me topé con un muro y me di cuenta que llegó el momento de llamar a los profesionales. Fue entonces cuando llegó el veredicto: a mi hijo le habían diagnosticado trastorno por déficit de atención con hiperactividad (TDAH).¿Qué dices?¿Es esto un trabalenguas de algún tipo? Resulta que el TDAH es un trastorno neurobiológico relativamente frecuente que afecta a entre el 3% y el 11% de los niños, y que provoca entre el 30% y el 50% de las derivaciones de niños a servicios de salud mental (Strahm, 2020). ¿Te suenan la hiperactividad, la impulsividad, la disminución de la capacidad de atención y los comportamientos un tanto extravagantes?¿Sin embargo, y a ti?¿Te suenan la confusión, la frustración, quizá la ansiedad, la culpa y los sentimientos de desesperanza?¿Dónde nos deja este diagnóstico como padres?

Bueno, es una lista que va mucho más allá. Están las dudas sobre uno mismo, las preocupaciones académicas, los retos entre padres e hijos y los sentimientos de aislamiento. Además, tenemos que superar las dificultades físicas diarias; piensa en las relaciones entre hermanos, la gestión de la medicación y la búsqueda de apoyo y comprensión. Y lo más difícil: ver a tu hijo sufrir y enfrentarse a los retos de la vida con TDAH. Pero respiremos colectivamente porque el mundo es un lugar polifacético lleno de maravillas. No todo está conectado de la misma manera ni puede encajar en el molde estándar que a menudo se presenta. Estoy íntimamente familiarizada con este viaje. También comprendo que llega un punto en el que, como padre, buscas algo más. Es algo poderoso y a la vez sencillo, sobre todo cuando te enfrentas a las complejidades añadidas que conlleva el TDAH. Sabemos que no hay cura, pero nosotros, como padres, tenemos el poder de mejorar la calidad de vida de todos los implicados en esta dinámica de diagnóstico.

¿La solución? Es relativamente sencilla: aprender a controlar los síntomas y proporcionar el apoyo necesario de forma adecuada. Y aquí, en tus manos, tienes una gran cantidad de información que te proporcionará estrategias sencillas pero muy eficaces para recorrer este camino. Piensa en ellas como atajos prácticos. Juntos, lo cubriremos todo! Desde los síntomas, el proceso de diagnóstico y las técnicas de eficacia probada, hasta el comportamiento y la gestión emocional. Pero no acaba ahí; profundizaremos en algunas ideas para mejorar las habilidades sociales en diversos entornos, ya sea la escuela, la familia o los amigos. Estos conocimientos abarcan todos los aspectos que contribuirán a que tu hijo tenga una vida más plena y un futuro prometedor. Y puedes estar seguro de que estos beneficios se extenderán a tu vida, aliviando significativamente el estrés y la ansiedad y aumentando tu confianza como padre.

Quiero hacer hincapié en que mi comprensión no sólo proviene de ser madre de tres hijos, uno de los cuales ha sido diagnosticado de TDAH, sino también de ser enfermera diplomada. Se mucho sobre el tema, desde el diagnóstico hasta los signos y síntomas, los distintos tipos, las estadísticas, los mitos, los distintos grupos de edad y lo que hace falta para que tu hijo descubra su prosperidad. Sí, me he sumergido por completo. Así, desde una perspectiva de conocimiento y experiencia de primera mano, estoy bien versada en lo que hace falta para que tu hijo dé un paso hacia su versión del éxito. Deseo compartir este conocimiento porque cada padre y cada hijo que navegan por este viaje se merecen lo mejor. Y créeme, es totalmente posible.

Así, demos juntos ese primer paso y comprendamos la verdad que hay detrás del TDAH.

1

COMPRENDER LA VERDAD SOBRE EL TDAH

"Empieza cada día con un pensamiento positivo y un corazón agradecido". - Roy T. Bennett

Es el ajetreo de la mañana, y estás haciendo malabares diligentemente con la locura como una profesional. Preparaste las fiambreras y te aseguraste de que todos estaban vestidos. Incluso te has asegurado de estar vestida y preparada para la embestida de un nuevo día.

Te sientas a la mesa del desayuno y, de repente, los cereales vuelan por los aires, la leche cae en cascada sobre el suelo y observas lentamente cómo el tazon se arremolina sobre las baldosas. Sin embargo, las cosas no acaban ahí. Tu hijo pequeño rompe en sollozos incontrolables mientras tu teléfono empieza a sonar. Tu intento de averiguar cómo calmar a tu hijo, limpiar el desorden y alcanzar el teléfono provoca una oleada de agobio. Todo forma parte del gran circo. Ah, la hermosa imprevisibilidad de la paternidad. A veces es como hacer malabarismos con antorchas encendidas en un monociclo. Entiendo que cada día es diferente; a veces, parece que necesitamos más de un lápiz de colores de la caja. Sin embargo,¿y si compartiera contigo un truco?

PAUSA PARA PADRES: AFIRMACIONES POSITIVAS

Hay una forma maravillosa de replantear tu forma de pensar que evitará que interiorices los contratiempos, como las malas notas y las rabietas, como un reflejo personal sobre ti como persona y padre.

Me refiero a las afirmaciones positivas. Estas afirmaciones cargadas de positividad ponen una tapa a ese molesto crítico interior. Ya sabes, la voz interior que inunda la mente de dudas y palabras negativas. Las afirmaciones positivas encienden patrones de pensamiento más positivos, frenan el estrés y la ansiedad, aumentan la confianza y fomentan un sentido más fuerte de uno mismo. Las afirmaciones positivas son algo más que un deseo; son una sesión de gimnasia mental para tu cerebro. Después de todo, dedicamos tanto tiempo a mejorar nuestra salud física, ¿Porque qué no hacer lo mismo con el cerebro? Estas repeticiones mentales positivas reprograman tu pensamiento, dando a tu mente un nuevo guión.

Además, empezarás a pensar y actuar de forma diferente con la práctica constante. Esta afirmación no es sólo mi opinión; está arraigada en la teoría de la autoafirmación! Esta teoría sugiere que, como humanos, estamos motivados para protegernos de las amenazas pintando la autointegridad, y diciendo cosas positivas sobre nosotros mismos, podemos ayudarnos a sentirnos mejor con lo que somos (Steele, 1988).

Ahora bien, no me malinterpretes: las afirmaciones positivas no son una cura mágica de la noche a la mañana para la ansiedad y las dudas. Sin embargo, practicarlas con regularidad y constancia puede cambiar la forma en que te percibes a ti mismo e interpretas tus experiencias. Suena sencillo, y lo es! Es un hermoso escenario de mínima aportación, con constancia, por supuesto, y máximo beneficio. ¿Por qué no lo intentas?

Elige una afirmación positiva que se alinie con tus valores para repetirla a lo largo del día. Veamos un par de ideas para empezar:

- Soy un buen padre. Yo me encargo de esto.
- Mis hijos prosperan gracias a mi capacidad como madre.
- Soy un padre resistente.
- Sé escuchar.
- Ser madre me resulta muy natural.
- Pongo mi corazón en todo lo que hago.
- Me presento y estoy plenamente presente para mi familia todos los días.
- Confío en mis capacidades e instintos como madre.
- Está bien cuidar de mí misma.
- Está bien pedir y aceptar ayuda.

Los mitos y conceptos erróneos del TDAH

El conocimiento es convincente, pero desafortunadamente, cuando se trata del TDAH, hay mucha desinformación, etiquetas y suposiciones por ahí. Despejemos el aire en torno a algunas de estas falacias.

Mi hijo es demasiado pequeño para tener TDAH

El TDAH no es exclusivo de los niños en edad escolar; los síntomas y diagnósticos pueden manifestarse también durante los años preescolares. A veces, incluso un médico tiene dificultades para reconocer la diferencia entre el comportamiento esperado en preescolar y el comportamiento del TDAH. Cuando el funcionamiento y el comportamiento evolutivo de un niño preescolar interfieren significativamente en su vida, se produce un trastorno. En este punto, un diagnóstico de TDAH pretende evaluar la intensidad de estos comportamientos.

Simplemente son vagos

Esta etiqueta es bastante difícil de digerir y, por extraño que parezca, uno de los conceptos erróneos más comunes! Los retos en el desarrollo del funcionamiento pueden aparecer como falta de motivación, como dificultad para completar tareas, permanecer sentado o concentrado; estos retos requieren un apoyo adecuado para superarlos.

Son un puñado de mano

El TDAH es una discapacidad funcional con la que estos niños luchan a diario. No son simplemente soñadores despiertos; enfrentan dificultades reales en una sociedad que, con frecuencia, malinterpreta sus retos en todos los aspectos de su vida.

Existe una cura

Ninguna cura ni píldora mágica hará desaparecer el TDAH. Es una enfermedad crónica y a menudo requiere cambios de tratamiento, incluidos medicamentos, para desenvolverse en la vida en las distintas etapas del desarrollo.

Pueden concentrarse, así que no tienen TDAH

Que un niño juegue durante largos periodos de tiempo no niega en absoluto la presencia de TDAH. Los retos del TDAH son complejos, no sólo de concentración, sino también de organización y esfuerzo sostenido.

Es sólo mala Crianza

Ciertamente, el TDAH no es consecuencia de una mala crianza. Sin embargo, es cierto que una mala disciplina parental puede amplificar los síntomas relacionados con el TDAH, del mismo modo que una crianza eficaz puede ayudar a regularlos y gestionarlos eficazmente.

Lo superarán

Afortunadamente, eso no es cierto; el TDAH persiste en la edad adulta. Aunque hay mejoras, el TDAH siempre tendrá que facilitar cambios para una vida adulta plenamente productiva.

No es una condicion real

El TDAH es una enfermedad real reconocida por los Institutos Nacionales de Salud, los CDC y la Asociación Americana de Psiquiatría como una diferencia en el desarrollo cerebral.

Los niños con TDAH son todos hiperactivos

No todos los niños diagnosticados de TDAH presentan hiperactividad como síntoma. Hay distintos tipos de TDAH, uno de los cuales no afecta a los niveles de actividad.

Es un problema de aprendizaje

El TDAH no es una discapacidad del aprendizaje; sin embargo, los síntomas pueden repercutir negativamente en el aprendizaje. Por el contrario, las dificultades específicas de aprendizaje suelen coexistir con el TDAH.

Los peligros del estigma del TDAH

Los estigmas tienen un lado oscuro, que agrava las dificultades de enfrentarse a un diagnóstico de TDAH. Es realmente algo que merece más atención en la sociedad, destacando la importancia no sólo de comprender, sino también de abrazar la neurodiversidad.

El estigma que rodea al TDAH para quienes padecen esta enfermedad no está reservado. También afecta a los padres y a otros miembros de la familia. Supuestos como que los comportamientos impulsivos reflejan una mala crianza son una etiqueta estándar. Pero he aquí un pequeño secreto: el diagnóstico de TDAH de tu hijo no refleja tu calidad como padre. Cualquiera puede ser diagnosticado de TDAH por diversos motivos. Afortunadamente, hay muchas medidas que los padres pueden tomar para mitigar los síntomas y recorrer el camino del TDAH con mayor facilidad. La saga del estigma no acaba aquí. Se extiende incluso a las niñas y a las minorías. Los niños de raza negra, asiáticos, de las islas del Pacífico y latinos tienen menos probabilidades de ser diagnosticados de TDAH y de recibir la medicación y el tratamiento adecuados. Sin embargo, de nuevo, hay varias razones para ello, como la percepción de que es un problema disciplinario, el fracaso de los padres y una desconfianza general en la comunidad médica. Las chicas, en general, no son tan revoltosas en comparación con los chicos y también son más propensas a interiorizar y culparse a sí mismas cuando pasan por momentos difíciles. Este estigma sólo contribuye a una avalancha de problemas adicionales, como la depresión, la ansiedad y los trastornos alimentarios. Estos factores dificultan aún más el diagnóstico del TDAH en las niñas, lo que provoca retrasos en el diagnóstico y el tratamiento.

Independientemente de la raza, la religión o el sexo, el estigma se adhiere y afecta negativamente a cualquiera, dando lugar a una serie de retos adicionales. La salud y el bienestar de los niños y los miembros de la familia se ven amenazados y se manifiestan de diversas formas. La baja autoestima, la depresión, la ansiedad, el sueño perturbador, el abuso de sustancias y el acoso pueden ser posibles resultados de la estigmatización. Estos retos adicionales hacen que sea aún más difícil para un niño que ya se enfrenta a retos asociados al TDAH. Desafortunadamente, los efectos del estigma pueden persistir en la edad adulta.

Para protegerse mejor contra los efectos negativos del estigma, ofrecer apoyo, abogar y concienciar, junto con mantener una actitud positiva, puede proporcionar consuelo y ayudar a prosperar a quienes luchan contra el TDAH.

Qué es TDAH

Cuál es la diferencia entre el trastorno por déficit de atención (TDA) y el trastorno por déficit de atención con hiperactividad (TDAH)? No hay ninguna diferencia; el TDA es simplemente un término "antiguo" que pasó a ser TDAH en 1987 simplemente añadiendo el término "hiperactividad" a la mezcla.

Ahora que hemos aclarado todo eso,¿qué es exactamente el TDAH? Es uno de los trastornos del neurodesarrollo más frecuentes diagnosticados en niños, que dura hasta la edad adulta. No tiene cura; sólo puede tratarse y controlarse. Asociado a comportamientos impulsivos, dificultad para prestar atención e hiperactividad, el TDAH se presenta de tres formas distintas: presentación predominantemente inatenta, presentación predominantemente hiperactiva-impulsiva y presentación combinada. Es importante tener en cuenta que los síntomas del TDAH pueden cambiar con el tiempo; la presentación del TDAH también puede cambiar. El diagnóstico del TDAH se determina en función de qué tipos de síntomas son más prevalentes. Centrémonos en cada una de estas presentaciones para comprenderlas mejor.

Presentación Predominantemente Desatenta

- Desafíos en la organización
- Dificultades para completar tareas
- Falta de atención a los detalles
- Dificultades para seguir instrucciones o conversaciones
- Se distrae fácilmente
- Olvido de detalles de la rutina diaria

Presentación Predominantemente Hiperactiva-Impulsiva

- Inquietud excesiva
- Hablar en exceso
- Incapaz de permanecer sentado durante periodos prolongados
- Impulsividad
- Inquietud
- Correr, trepar o saltar en exceso en los niños más pequeños
- Hablar fuera de turno

- Interrumpir conversaciones
- Incapacidad para esperar su turno
- Dificultad para escuchar instrucciones/direcciones
- Propenso a los accidentes

Presentación Combinada

- Los síntomas de la presentación predominantemente inatenta y de la presentación predominantemente hiperactiva-impulsiva se presentan simultáneamente.

Cuál es la prevalencia del TDAH?

Hablemos de cifras y examinemos algunas estadísticas que ofrecerán una valiosa perspectiva sobre la prevalencia del TDAH:

- Aproximadamente 265.000 niños de Estados Unidos, de edades comprendidas entre los 3 y los 5 años, han sido diagnosticados de TDAH (Centros para el Control y la Prevención de Enfermedades, 2022b).
- Aproximadamente 2.4 millones de niños de Estados Unidos, de edades comprendidas entre los 6 y los 11 años, han sido diagnosticados de TDAH (Centros para el Control y la Prevención de Enfermedades, 2022b).
- Aproximadamente 3.3 millones de niños de Estados Unidos, de edades comprendidas entre los 12 y los 17 años, han sido diagnosticados de TDAH (Centros para el Control y la Prevención de Enfermedades, 2022b).
- Aproximadamente 129 millones de niños de Estados Unidos, con edades comprendidas entre los 5 y los 19 años, han sido diagnosticados de TDAH (CHADD, 2018c).
- Aproximadamente el 9.8% (casi 6 millones) de los niños de Estados Unidos, de edades comprendidas entre los 3 y los 17 años, han recibido un diagnóstico de TDAH en algún momento, frente al 8.7% (más de 5 millones) de los niños

estadounidenses con un diagnóstico actual de TDAH (Bitsko et al., 2022).

- Aproximadamente entre el 35% y el 78% de los niños con diagnóstico de TDAH mantienen los síntomas en la edad adulta (Schein et al., 2022).
- Aproximadamente el 2.6% (equivalente a 139.8 millones) de los adultos de todo el mundo experimentaron TDAH persistente desde la infancia, lo que incluye a las personas que experimentaron un inicio en la infancia junto con síntomas de TDAH que continuaron en la edad adulta (Song et al., 2021).
- La prevalencia del TDAH sintomático en adultos en todo el mundo disminuye con la edad: los jóvenes de 18 a 24 años representan más de 75.5 millones de casos, mientras que los individuos mayores de 60 años contribuyen aproximadamente a un total de 46.4 millones de casos (Song et al., 2021).

Posibles causas del TDAH

No existe una causa específica que explique con exactitud el origen del TDAH. No obstante, puede desarrollarse a partir de una combinación de factores ambientales y genéticos. De momento, echemos un vistazo a algunos factores potenciales, como el desarrollo cerebral, los traumatismos y los factores prenatales, que pueden entrar en juego en la causalidad del TDAH.

Desarrollo Cerebral

El TDAH no sólo provoca cambios en el cerebro, sino que también se sospecha que se debe a cambios que ocurren en y por el cerebro, como la estructura cerebral, la química cerebral, la función cerebral y las lesiones cerebrales. Pongámonos unas batas de laboratorio y profundicemos en el tema.

Estructura Cerebral

Un estudio de neuroimagen realizado en 2017 descubrió que regiones cerebrales específicas y el volumen cerebral general eran menores en los participantes del estudio con TDAH en comparación con los participantes del estudio sin TDAH (Hoogman et al., 2017). La teoría de que el TDAH provoca retrasos en el desarrollo de varias regiones cerebrales apoyaba el hecho de que estas discrepancias en el volumen cerebral eran mucho más notables en los niños con TDAH que en los adultos.

Las regiones cerebrales exploradas durante este estudio de neuro-imagen fueron las siguientes:

- El núcleo accumbens está implicado en el procesamiento de la recompensa.
- El hipocampo está implicado en la emoción y la motivación.
- La amígdala influye en la regulación emocional.
- El núcleo caudado y el putamen coordinan el movimiento suave.

Química Cerebral

Como su nombre indica, la química cerebral trata de las sustancias químicas del cerebro que afectan al sistema nervioso e influyen en el estado de ánimo. Hay varias sustancias químicas, y una de las más importantes es la dopamina, la "hormona de la felicidad", que es responsable de alimentar la motivación, el deseo de recompensa y la experiencia del placer. Sin embargo, con la dopamina no sólo se trata de divertirse; también desempeña un papel crucial en la concentración, la memoria y las funciones ejecutivas y motoras. Un estudio de 2009 descubrió una desafortunada verdad: los individuos con TDAH tienen niveles de dopamina más bajos que los que no padecen TDAH (Volkow et al., 2009). Algunos sugieren que esta reducción de la dopamina se debe a la mayor concentración de transportadores de dopamina (proteínas) en el cerebro de las personas con TDAH. Unos niveles más bajos de dopamina podrían causar insatisfacción, infelicidad y aburrimiento si no se controlan. Sin embargo, es esencial señalar que las líneas siguen siendo borrosas en lo que respecta a la relación entre el TDAH y la dopamina.

Función Cerebral

Una revisión de un estudio realizado mediante resonancia magnética funcional descubrió que las personas diagnosticadas de TDAH presentaban diferencias en las redes cerebrales asociadas al procesamiento de recompensas (Rubia, 2018). En el mismo estudio, también descubrieron que las personas con TDAH pueden experimentar problemas de deterioro en varias redes cerebrales que rigen funciones esenciales, como el control cognitivo, la memoria de trabajo, la atención y la sincronización. Por ejemplo, los niños diagnosticados de TDAH presentan una menor activación en regiones cerebrales cuando realizan tareas que implican la toma de decisiones y recompensas.

Lesiones Cerebral

Una lesión cerebral traumática (LCT) es una lesión cerebral tan grave que afecta al funcionamiento del cerebro. Una investigación sobre hospitalizaciones nocturnas por LCT de niños de entre tres y siete años descubrió que existe una fuerte correlación entre este tipo de lesiones y el TDAH, lo que hace que los niños que sufrieron un LCT sean más susceptibles de padecer TDAH hasta siete años después de la lesión (Narad et al., 2018). Hasta el 62% de los niños que participaron en el estudio desarrollaron posteriormente TDAH, también denominado TDAH secundario.

Trauma

Pasemos al trauma psicológico, que se refiere a una respuesta física o emocional desencadenada por un acontecimiento muy angustioso.

Los traumas pueden influir en el desarrollo del TDAH; aún no está exactamente claro cuál es la naturaleza y el alcance de su impacto, lo que lo hace algo complejo. Estos acontecimientos angustiosos se denominan experiencias infantiles adversas (ECA) e incluyen sucesos traumáticos como ser testigo de violencia, sufrir abusos directos o negligencia, y vivir en un entorno inestable o inseguro. La probabilidad de ser diagnosticado de TDAH es mucho mayor en los niños con ECAs que en los niños sin ECAs (Brown et al., 2017). Además, las personas con TDAH son mucho más susceptibles de sufrir más ECA debido a un "ciclo de adversidad" alimentado por los síntomas del TDAH, que plantean retos significativos en el funcionamiento diario (Lugo-Candelas et al., 2020).

Factores prenatales y de los primeros años de vida

Las complicaciones que afectan al desarrollo fetal durante el embarazo y las complicaciones del parto también han sido culpables potenciales del TDAH. Echemos un vistazo a estos factores:

Embarazo

Los siguientes factores y complicaciones del desarrollo fetal también podrían estar relacionados con el TDAH:

- **Neurotóxicos:** La exposición a sustancias químicas, incluidos algunos pesticidas y el plomo, puede estar relacionada con el TDAH (Yu et al., 2016).
- **Tabaquismo prenatal:** No es ningún secreto que fumar es increíblemente perjudicial para la salud, por lo que no debería sorprender que, según una investigación, las probabilidades de padecer TDAH sean 2.64 veces mayores cuando se fuma durante el embarazo (Han et al., 2015a). Sin embargo, un estudio de 2022 sugirió que, aunque pueda existir una asociación, es poco probable que sea casual (Haan et al., 2022).
- **Consumo de alcohol:** La exposición prenatal al alcohol elevará 1.55 veces más la probabilidad de TDAH en los niños (Han et al., 2015b).

- **Bajo peso al nacer:** El peso desempeña un papel importante en la probabilidad de padecer TDAH. Un estudio realizado en 2018 descubrió que los bebés que pesaban menos de 3.3 lb tenían el doble de probabilidades de padecer TDAH, y los que pesaban menos de 2.2 lb cuadruplicaban significativamente la probabilidad (Rapaport, 2017).

ELEMENTO INTERACTIVO:

¿Quién ostenta el gran récord de deportista olímpico más condecorado de la historia? Nada menos que el Sr. Michael Phelps! Menuda leyenda! Michael se enfrentó a varios retos durante su infancia, como el TDAH, la dificultad para mantener la concentración y el acoso escolar, lo que hizo que su camino no fuera nada fácil.

A pesar del escepticismo que rodeaba a sus habilidades y de su aversión inicial a la natación, Michael encontró un solaz inesperado en el agua, que le hizo sentir que era un lugar donde tenía el control. La rapidez con la que atravesaba el agua ralentizaba su cerebro, convirtiéndose en su válvula de escape transformadora. Al no poder sentarse en clase, a Michael le diagnosticaron TDAH en sexto curso, pero eso nunca mermó su deseo de superación, y se convirtió en un nadador de rango nacional a la temprana edad de 10 años. Bob Bowman, un aclamado entrenador, detectó el excepcional talento de Michael y creyó en su potencial de grandeza a pesar de los retos y sus diferencias.

¿No es irónico que un niño que no podía estarse quieto durante una clase pudiera nadar durante tres horas después del colegio? Michael desafió todas las expectativas, quizá incluso las suyas propias, con su aversión inicial a la natación. Más allá de sus múltiples y legendarias hazañas olímpicas, Michael aboga por una vida sana y la seguridad en el agua para los jóvenes. A través de su fundación, aspira a proporcionar un refugio a los niños con TDAH, mostrando las posibilidades ilimitadas de transformación, fuerza y pasión. Su historia demuestra que superar los retos y alcanzar la grandeza contra todo pronóstico es totalmente posible.

Está bien exhalar ahora que se entiende que no hay nada que hayas hecho o pudieras haber hecho para provocar que tu hijo tenga TDAH; mete la culpa persistente en el saco. Es hora de dar prioridad a pasos más proactivos para gestionar mejor este viaje. Sigamos adelante y profundicemos en los síntomas y en cómo pueden confundirse con otras afecciones.

2

RECONOCER LOS AMPLIOS SÍNTOMAS DEL TDAH

"Te vas a grandes lugares! ¡Hoy es tu día! Tu montaña te espera, así que... ¡ponte en marcha!" -Dr. Seuss

No es un secreto de estado que la paternidad conlleva retos. Ahora, añade el TDAH a la mezcla y tendrás el paquete de retos definitivo.

Criar a un hijo con TDAH no es tarea fácil; seamos realistas, no es algo para débiles de corazón. A veces, se siente como si estuvieras en el ring con un campeón de peso pesado, con tu paciencia al límite. Pero tranquilo, eso no te hace una mala persona. Solo eres un padre enfrentándose a la montaña rusa emocional que este camino implica.

Piénsalo: está la soledad, muchas veces autoimpuesta, porque estás demasiado agotado. ¿Para qué arriesgarse a un episodio incómodo en público que termine en un ejercicio de control de daños, verdad? También están las miradas de juicio y los comentarios como "Si no puedes controlar a tu hijo...".¿Y los grupos de juego o las guarderías? Esos casi ni existen en tu realidad. Por supuesto, no faltan los consejos no solicitados de quienes creen saberlo todo, aunque claramente no entienden. Y lo que debería ser sencillo, como salir de casa o cumplir una rutina, termina convirtiéndose en una operación de alto riesgo.

Luego aparece la culpa: "¿Por qué no tengo más paciencia?", "¿Por qué me siento así?". Respira. No eres un villano; eres humano. Y estás criando a un niño con TDAH, lo cual no es una tarea sencilla.

Recuerda que hay esperanza. Vamos a explorar estrategias que te ayudarán a navegar estas aguas emocionales y a encontrar caminos hacia un futuro más brillante.

PAUSA PARA LOS PADRES:

Al igual que hay medidas que puedes tomar para mejorar la calidad de vida de tu hijo con TDAH, hay pasos que puedes dar para ayudar a regular y mantener tu propia salud mental y emocional como padre.¿Cuál es la solución? Buscar apoyo.¿Al fin y al cabo, si para criar a un niño hace falta un pueblo, para criar a un niño con TDAH hace falta toda una ciudad, no? Y un poco de ayuda, apoyo y comprensión serán útiles!

Hay muchos padres que, como tú, están luchando. No sólo hay padres que pueden sentirse identificados, sino que también hay montones de grupos de apoyo. Y, gracias a las maravillas modernas, como Internet, acceder a estos recursos para obtener el apoyo que tanto necesitas está a un clic de distancia. Estos grupos, redes y comunidades ofrecen un lugar seguro donde desahogarse y compartir preocupaciones, experiencias y consejos, sin miradas críticas ni consejos no solicitados. Y, créeme, hay consejos estupendos por ahí, como hacer tu casa más adecuada para el TDAH y montones de otros consejos, y lo que es más importante, apoyo social para combatir esos sentimientos de aislamiento.

Algunos grupos y organizaciones realmente estupendos a los que sin duda merece la pena echar un vistazo son:

- CHADD (Niños y Adultos con Trastorno por Déficit de Atención e Hiperactividad)
- Padres del TDAH Juntos de CHADD
- Asociación Americana de Problemas de Aprendizaje
- ADDA (Asociación de Trastorno por Déficit de Atención)
- Padres con TDAH Juntos
- Foro de la revista ADDitude
- Grupo de TDAH&U en Facebook

Otro consejo personal que me gustaría añadir es que sigas unas rutinas adecuadas, afrontes la vida con una actitud de aceptación y, lo que no es menos importante, intentes mantener tu sentido del humor.

Una visión general de los síntomas del TDAH

En general, los niños necesitan ayuda para sentarse quietos y prestar atención, por no hablar de esperar su turno. Y no pasemos por alto el actuar impulsivamente.

Sin embargo, para los niños diagnosticados de TDAH, estos comportamientos están aún más amplificados en comparación con sus compañeros. Como recordarás, en el Capítulo 1 examinamos las diferencias entre falta de atención (dificultad para concentrarse y enfocar) e hiperactividad e impulsividad, centrándonos en los síntomas específicos asociados. Este diagnóstico, a su vez, abre toda una caja de Pandora, que plantea retos para la vida en el hogar, la escuela y las relaciones con los compañeros.

Una cosa importante que debes recordar es que esto no tiene nada que ver con una travesura o un malentendido. Tu hijo se enfrenta a una auténtica lucha. Igual que su diagnóstico no define únicamente a un joven guerrero que lucha contra el cáncer, tu hijo tampoco se define únicamente por el TDAH. Y lo mismo puede decirse de ti como padre. No eres un "padre con TDAH". Eres un padre que navega en la batalla contra el TDAH. Una vez que conoces los síntomas del

TDAH, vamos a profundizar en los síntomas específicos para ampliar aún más tus conocimientos.

Signos de TDAH específicos de la edad

Detectar cualquier signo de TDAH en el desarrollo infantil temprano sería como encontrar una aguja en un pajar. Todo lo exploran, rebotan y se suben a él, así que ¿cómo diferenciarlo? No todo está perdido, porque hay algunos signos reveladores de los que puedes estar alerta. Y, más vale pronto que tarde cuando se trata de detectarlos, ¡es un cambio de juego!

Echemos un vistazo a lo que debes tener en cuenta.

Signos en niños pequeños y preescolares:

Empecemos con los pequeños tornados: niños pequeños y preescolares. Detectar las señales puede ser complicado porque son muy enérgicos y algo revoltosos por naturaleza.

Sin embargo, si estos comportamientos se vuelven demasiado extremos, quizá sea el momento de prestarles más atención. Si no pueden estarse quietos, además de hablar en exceso, moverse constantemente, comportarse de forma inquieta y tener problemas de concentración, lo mejor será considerar la opinión de un profesional.

Debo añadir que algunos niños con TDAH pueden realizar importantes proezas de concentración en cosas que les interesan, como los videojuegos o sus juguetes favoritos.

Signos en niños de primaria

La hiperactividad no suele estar presente en todos los niños con TDAH. Si lo está, generalmente será visible durante los años de edad escolar, junto con otras peculiaridades y síntomas.

¿Enfoque? ¿Planificación? ¿Tomar decisiones? Es una misión real. ¿Por turnos? ¿Compartir? ¿Dejar hablar a los demás? Podría compararse a una misión imposible. Luego, añadimos los deberes y las tareas, que se convirtieron en aventuras. También podrían estar en el lado de la vida propenso a los accidentes. Esto se debe a la impulsividad. ¿Llevar la cuenta de las cosas? Además, también pueden tener problemas para regular sus emociones. Cuando estén contentos, lo sabrás. Cuando estén frustrados, puede explotar una bomba.

Signos en adolescentes

Durante la adolescencia, la hiperactividad empieza poco a poco a pasar a un segundo plano. Sin embargo, todavía puede aparecer inquietud y un par de nuevos culpables.

El tiempo, la organización y la motivación pueden verse seriamente afectados, y lamentablemente, estos son "síntomas" que suelen tener un alto costo. La gratificación instantánea y las recompensas inmediatas tienden a convertirse en el objetivo principal. Por si fuera poco, también está el típico protocolo adolescente: el drama emocional. Sin embargo, en un adolescente con TDAH, la dificultad para regular las emociones puede ser una preocupación mucho mayor, especialmente cuando se combina con la impulsividad.

Esto puede llevar a conductas riesgosas, como el consumo de alcohol, drogas y otras actividades que todos conocemos. Estas situaciones levantan una enorme bandera de alerta, particularmente porque durante estos años también empiezan a enfrentarse a riesgos adicionales, como conducir. La seguridad, sin duda, se convierte en una prioridad aún más crítica.

¿Influye el sexo en el TDAH?

Es un baile diferente cuando se trata de la tasa de diagnóstico entre niños y niñas. Es casi como comparar manzanas con naranjas, porque el TDAH se presenta de forma diferente en cada uno.

Independientemente de estas diferencias, no existe un conjunto de criterios distinto para niños y niñas. Pero cada pequeño detalle cuenta cuando se trata del TDAH, para asegurarse de que no se pasa por alto. Siempre deben destacarse todos los aspectos, independientemente de la edad y el sexo. En general, se ha comprobado que las chicas con TDAH son menos llamativas desde el punto de vista disruptivo. Esto hace que sea un poco más difícil detectarlo, independientemente de que tengan síntomas similares a los de los chicos. Por tanto, las chicas pueden pasar desapercibidas a la hora del diagnóstico.

En 2016, según los Centros para el Control y la Prevención de Enfermedades (CDC), alrededor de 6.1 millones de niños en Estados Unidos tenían un diagnóstico de TDAH, y la tasa de diagnóstico es mayor en los chicos, con un 12.9%, que en las chicas, con un 5.6% (Jones, 2022). ¡Esto es bastante sorprendente!

Explorémoslo y veamos a los chicos y a las chicas por separado para tener una visión más clara.

Chicas

Cuando se trata del TDAH y las chicas, éstas tienden a inclinarse más hacia el tipo inatento del TDAH. Pero no es algo cerrado, porque también pueden presentar TDAH de tipo impulsivo, inatento e hiperactivo. Sin embargo, el tipo inatento parece ser más prevalente.

Los síntomas pueden ser los siguientes

- ansiedad
- baja autoestima
- falta de atención
- falta de concentración
- bajo rendimiento académico
- dificultades con el funcionamiento ejecutivo
- falta de atención a los detalles
- errores por descuido
- problemas para escuchar
- mala gestión del tiempo
- comportamiento de evitación cuando se trata de tareas que requieren una concentración sostenida

- dificultades para cumplir las tareas
- se distrae fácilmente
- olvido
- extraviar las cosas
- desorganización

Si a esto añadimos el aspecto emocional, veremos que las chicas y las mujeres suelen interiorizar los síntomas. Esto puede manifestarse de diversas formas, como síntomas somáticos, menor autoestima y auto-imagen, y mayor sensibilidad emocional.

Chicos

Ah, los chicos serán chicos, como suele decirse. Y en lo que se refiere al TDAH, los chicos son más propensos a mostrar comportamientos impulsivos e hiperactivos que las chicas. Sin embargo, es importante no descartar la presencia de síntomas inatentos, ya que pueden seguir siendo prevalentes.

Cuando se trata de varones, pueden presentarse los siguientes síntomas:

- impulsividad
- comportamiento hiperactivo
- comportamiento agresivo
- hablar en exceso
- inquietud constante
- interrumpir a los demás
- dificultad para permanecer sentado
- problemas esperando su turno
- comportamiento perturbador
- incapacidad para realizar tareas en silencio

En los niños y los hombres se observa una mayor prevalencia de conductas externalizantes y de trastornos comórbidos. Esto podría incluir cosas como romper las normas, agresividad, comportamiento antisocial, trastorno de conducta (TC) y trastorno negativista desafiante (TOD).

Puede que te hayas dado cuenta de que los síntomas de las chicas parecen más internos en comparación con los de los chicos, que son más externos. Es casi como si los chicos sacaran sus síntomas a pasear, lo que hace que sean más fáciles de detectar. Pero sigue siendo imperativo recordar que, en lo que respecta al TDAH, no se trata de un escenario único para todos en cuanto a la detección o manifestación de los síntomas.

Condiciones concurrentes y síntomas compartidos

El TDAH tiene un lado muy oscuro: no es un acto aislado y puede darse con otras enfermedades coexistentes.

Las estadísticas son impactantes: más de dos tercios de las personas con TDAH tienen al menos otra condición coexistente. Lo que complica aún más la situación es que una persona puede enfrentarse a varias condiciones al mismo tiempo. Lamentablemente, esto no hace más que aumentar los desafíos asociados al TDAH.

A menudo, estas condiciones pasan desapercibidas porque los síntomas del TDAH suelen robar toda la atención, eclipsando las afecciones coexistentes. Esto crea una capa adicional de caos que, si no se aborda, puede derivar en consecuencias graves. Analicemos más de cerca las condiciones que frecuentemente aparecen junto con el TDAH.

Trastornos del estado de ánimo

Los trastornos del estado de ánimo se caracterizan por cambios extremos en el humor. Los niños que los padecen enfrentan grandes dificultades para regular sus emociones, lo que a menudo se traduce en episodios de llanto, irritabilidad y estados de ánimo sombríos. Nunca debemos subestimar el impacto de estos trastornos, ya que están estrechamente vinculados a condiciones como la manía, el trastorno bipolar y la depresión.

Lamentablemente, el 14% de los niños con TDAH también tienen depresión como condición coexistente (CHADD, 2018b). Comparado con solo el 1% de niños diagnosticados únicamente con depresión, esta diferencia es desgarradora. En mi caso personal, fue precisamente al enfrentar la depresión de mi hijo que logramos descubrir su diagnóstico de TDAH, un punto de inflexión crucial para comprender mejor sus desafíos y sus necesidades únicas.

Trastornos del aprendizaje

En el ámbito de los trastornos del aprendizaje, solo un 5% de los niños sin TDAH reciben este diagnóstico (CHADD, 2018b). Sin embargo, cuando se trata de niños con TDAH, esta cifra se dispara al 50%, lo que revela una realidad completamente distinta (CHADD, 2018b).

Entre los trastornos del aprendizaje más comunes se encuentran la dislexia y la discalculia, junto con dificultades en el habla. Estas condiciones afectan significativamente la capacidad de los niños para adquirir nueva información, realizar cálculos y desarrollar habilidades de lectura, lo que representa un gran obstáculo en su proceso educativo y en su vida diaria.

Trastornos de Conducta Disruptiva

El trastorno negativista desafiante (TOD), que se caracteriza por problemas para cumplir las normas, echar la culpa a los demás, falta de control del temperamento, discusiones frecuentes, estallidos de ira, resentimiento, rencor y otros comportamientos vengativos, afecta a cerca del 40% de las personas con TDAH.

Otro trastorno del comportamiento disruptivo, el trastorno de conducta (TC), está presente en el 27% de los niños. Suele manifestarse mediante comportamientos como mentir, robar, faltar a clase, desafiar los toques de queda, agredir a personas o animales y destruir la propiedad.

Ansiedad

La ansiedad provoca una preocupación excesiva por una serie de problemas, que hace que la persona se sienta estresada, tensa y nerviosa, y suele ir acompañada de trastornos del sueño. Lamentablemente, aproximadamente el 30% de los niños pueden recibir un diagnóstico de trastorno de ansiedad además de su diagnóstico de TDAH.

Tics y síndrome de Tourette

Algo importante que debes saber es que los tics y el síndrome de Tourette están relacionados con el TDAH, pero de maneras diferentes. Menos del 10% de las personas con TDAH tienen tics o síndrome de Tourette. Sin embargo, entre el 60% y el 80% de las personas con síndrome de Tourette también tienen TDAH. Esto muestra una conexión significativa entre estas dos condiciones.

Un tic es un movimiento o vocalización rápida, repentina e involuntaria. Por otro lado, el síndrome de Tourette es una forma más severa de trastorno de tics, que incluye no solo movimientos involuntarios, sino también ruidos o sonidos extraños, además de otros síntomas asociados a los tics. El síndrome de Tourette es mucho menos común que los tics simples, pero también puede ser más desafiante de manejar debido a su complejidad y su impacto en la vida cotidiana.

Trastornos del sueño

Entre una cuarta parte y la mitad de los padres de niños con TDAH reportan problemas para conciliar o mantener el sueño. Estas dificultades pueden ser un síntoma del TDAH o empeorar los síntomas existentes, creando un ciclo complicado.

La falta de sueño puede aumentar la impulsividad, la falta de atención y la hiperactividad, mientras que problemas como el insomnio, los despertares nocturnos y los patrones de sueño irregulares son comunes. Además, algunos tratamientos para el TDAH, como los estimulantes, pueden afectar el descanso si se toman tarde en el día.

Abordar estas dificultades con estrategias como rutinas relajantes, limitar pantallas antes de dormir y ajustar tratamientos puede mejorar significativamente el sueño y el bienestar general del niño.

Abuso de sustancias

Los jóvenes ya están lidiando con las hormonas. Si añades el TDAH a la mezcla, tienes una mayor susceptibilidad al consumo precoz de tabaco, alcohol y drogas. Este es un aspecto sombrío, dado que se ha observado que los jóvenes con TDAH tienen el doble de probabilidades de tener tendencias adictivas en comparación con los que no tienen TDAH. Sin embargo, se ha demostrado que, cuando se les trata con estimulantes, los jóvenes de esta edad no son más propensos, ni siquiera menos, que otros al abuso de estimulantes.

Por qué es crucial un diagnóstico profesional

Comprender la naturaleza de tus retos es crucial para emplear las mejores estrategias posibles en cualquier situación. Y cuando se trata del TDAH, no es diferente. En el TDAH, un diagnóstico adecuado es esencial para un tratamiento eficaz.

Tener un diagnóstico adecuado y un tratamiento eficaz mejora la calidad de vida en general. Prepara el camino para estrategias específicas que producirán cambios más positivos en comparación con la persistencia de enfoques ineficaces.

Profundicemos en la importancia de un diagnóstico profesional.

- **Criterios diagnósticos:** La realización de pruebas de TDAH por un profesional cualificado determinará rápidamente si tu hijo cumple los criterios del TDAH. Estas pruebas exhaustivas evalúan la capacidad de atención, los patrones de comportamiento, la impulsividad y la hiperactividad del niño. Unas pruebas de TDAH adecuadas te proporcionan más claridad. Desbloquea un mundo de estrategias eficaces, permitiéndote proporcionar el apoyo adecuado.

- **Comprensión más profunda:** Las pruebas del TDAH también profundizan en diversos aspectos del funcionamiento del niño, que incluyen el rendimiento académico, las interacciones sociales y el bienestar emocional. Esto pone de relieve sus puntos fuertes, sus puntos débiles y sus necesidades, proporcionando valiosos conocimientos.

- **Mejor planificación:** Las pruebas ofrecerán una imagen más clara de un plan de tratamiento adecuado. Desde luego, no es una situación única y puede requerir una combinación de tratamientos. Por ejemplo, el plan de tratamiento de tu hijo podría ser una mezcla de medicamentos, terapia conductual y algunos ajustes educativos.

- **Mejor autoconocimiento:** Las pruebas del TDAH proporcionan al niño una mejor comprensión de su singularidad. Es un billete dorado hacia el autoconocimiento, que les capacitará para autorregularse mejor, autodefenderse y desarrollar un arsenal de estrategias de afrontamiento.

- **Mejor apoyo:** Las pruebas del TDAH suelen implicar un enfoque colaborativo. Piensa en ello como un esfuerzo de equipo que reúne información de cuidadores, padres y profesores. Esto proporciona una comprensión global del comportamiento del niño en distintas situaciones. Y, por si fuera poco, mejora la comunicación, el conocimiento y el apoyo al niño entre todas las partes implicadas.

ELEMENTO INTERACTIVO

Como padres, tenemos una lista bastante larga de responsabilidades. Y, entre ellas, tenemos que inspirar a nuestros hijos. Y esto puede resultar bastante difícil cuando se trata de criar a un niño con TDAH. ¿Esa capacidad de atención? ¡Pueden desaparecer en un abrir y cerrar de ojos! Así que probemos algo nuevo. Inspirémosles con una historia que les toque de cerca, destacando el lado positivo del TDAH, protagonizada por la deslumbrante Emma Watson.

¡Tu "residencia en la Tierra" debe ser cuestionada si no estás familiarizado con el infame Harry Potter y su equipo! Entre estos actores estaba Emma Watson, que interpretó a Hermione Granger y le dio fama mundial. Pero no sólo es admirada por sus proezas interpretativas; Emma también ha hablado públicamente de sus luchas diarias con el TDAH. Emma atribuye su superpoder -la capacidad de hiperconcentrarse en las actividades y su pasión por ellas- al TDAH. Esto le permite meterse de lleno en cualquier personaje que interpreta. Eso sí que es convertir limones en limonada. En 2015, obtuvo un prestigioso puesto en la lista de las 100 personas más influyentes de la revista Time. Es un ejemplo vivo de que el TDAH no es un obstáculo. Entender y manejar correctamente los síntomas puede desbloquear fortalezas y talentos únicos. Cualquier persona con TDAH tiene superpoderes que puede aprovechar, como la hiperconcentración. ¿Necesitas atención al detalle? ¿Quizá un brillante instinto creativo? ¡La hiperconcentración es el nombre del juego! Esta capacidad permitió a varias personas con TDAH alcanzar cotas con las que otros sólo sueñan.

Esta historia no trata sólo de Emma; también amplifica la importancia de la neurodiversidad. Se trata de animar a la gente a hablar abiertamente de sus experiencias con el TDAH y otras enfermedades neurológicas, de acabar con los estigmas y de allanar el camino hacia una sociedad más integradora.

Ahora que comprendes mejor la importancia de un diagnóstico adecuado, no se puede negar que es un paso decisivo en la dirección correcta. Comprendo perfectamente que una oleada de agobio y ansiedad pueda acompañar a tu sensación de alivio. Recuerda que lo mejor es ir paso a paso. Así pues, vamos a reforzar tu confianza y a familiarizarte con el proceso de diagnóstico.

3

CÓMO FUNCIONA EL PROCESO DE DIAGNÓSTICO

> *"Todo el ruido de mi cerebro. Lo sujeto a la página para que esté quieto".* - Barbara Kingsolver

La mayoría de nosotros hemos escrito un diario durante la infancia. Lo intrigante de esto es lo felizmente inconscientes que éramos de la potente fuerza que tiene llevar un diario. Oh, sí, el poder de poner la pluma sobre el papel es innegable cuando se trata de aliviar el estrés y mejorar la salud mental. ¿Por qué?

Pues bien, dejar correr la tinta y escribir todos esos pensamientos y emociones embotellados te permite liberarlos de los recovecos de tu mente y plasmarlos en el papel. Esto, a su vez, te permite observarlos con mayor objetividad. Tendemos a aceptar nuestros pensamientos como hechos plenos. Pero déjame decirte que los pensamientos no son, desde luego, verdades absolutas, y aceptarlos como tales es una tarea que provoca bastante ansiedad. Escribir es una exploración más allá de los meros garabatos, que puede ayudar a reducir los síntomas de la depresión y la ansiedad, reforzar la inmunidad y mejorar la memoria.

Así que por el clásico "querido diario", ¡digo yo! Profundicemos en el profundo arte de escribir un diario.

PAUSA PARA LOS PADRES

Una cosa esencial de escribir un diario es que es tu espacio seguro para soltar lo que te pasa por la cabeza y encontrar una solución. Y una gran promesa: ¡no hay policía gramatical de por medio! Otro aspecto esencial del diario es que se trata de un proceso personal.

No debe ser un proceso rígido; mantenlo flexible para que se integre fácilmente en tu rutina diaria. Combínalo con una actividad que ya disfrutes. Por ejemplo, la taza de café de la mañana. Es mejor evitar escribir un diario como parte de la rutina de acostarse. Las emociones que se plasman en el papel suelen ser abrumadoras y desagradables. Por eso, es mejor evitar los dramas intensos antes de dormir.

Otro elemento fundamental es escribir sin juzgar. No se trata de gramática, contexto o puntuación. Como ya se ha dicho, es una experiencia personal sólo para tus ojos y tu reflexión. Ahora bien, puedes llevar un diario de muchas maneras, dependiendo de tu estado de ánimo. Puedes tener una sesión de desahogo. En este caso, el diario estructurado, en el que llevas un registro de pensamientos centrado en el acontecimiento desencadenante y sustituyes la negatividad por contraafirmaciones racionales, podría ser útil si te sientes artístico, haces garabatos o creas collages. También puedes optar por contar historias o escribir cartas como alternativas. Para los principiantes, las sugerencias y los diarios guiados son especialmente útiles si no sabes por dónde empezar. Sugerencias sencillas como "¿Por qué estoy agradecido?" y "¿Qué pensamientos y mentalidades me frenan en la vida?" son un par de ejemplos que te ayudarán a ponerte en marcha.

Ya que estamos con el tema de las preguntas, veamos un par de ellas que harán que fluya la tinta y mejorarán tu autoconciencia. Asegúrate de profundizar en cada una de estas preguntas y afirmaciones:

- ¿Qué es lo que más te inspira?
- ¿Qué cinco cosas sobre ti te gustaría que el mundo supiera?
- ¿Qué evoca sentimientos cálidos en tu corazón?
- Enumera diez palabras que te describan.
- ¿Qué harás hoy para cuidarte mejor?
- ¿Cuál es tu práctica favorita de autocuidado?
- Describe tu día libre ideal.
- ¿Qué te hace sentir seguro?
- ¿Qué es lo que más te cuesta hacer o aceptar?
- Si pudieras introducir una mejora en tu vida, ¿cuál sería?

Criterios diagnósticos del TDAH

Determinar si un niño tiene TDAH no es una tarea sencilla, como habrás podido comprobar. Los profesionales sanitarios utilizan las directrices *del Manual Diagnóstico y Estadístico de la Asociación Americana de Psiquiatría, quinta edición* (DSM-5), para facilitar el proceso de diagnóstico. La verdad es que es todo un bocado, pero es estupendo disponer de un recurso tan valioso, como el DSM-5, que garantiza un diagnóstico y un tratamiento adecuados.

Sin embargo, veamos algunos de los criterios de forma condensada para facilitar su comprensión. Es importante señalar que esto no autoriza a nadie a concluir su diagnóstico. Sólo los profesionales sanitarios cualificados pueden diagnosticar o tratar el TDAH. Por lo tanto, considera esto como una pequeña primicia sobre el tema; ¡toda información contribuye a una mejor comprensión!

Criterios DSM-5 para el TDAH

En general, las personas con TDAH presentan patrones persistentes de falta de atención e hiperactividad-impulsividad que impiden el desarrollo y el funcionamiento. Estos dos síntomas pueden presentarse por separado o simultáneamente.

- **Falta de atención:** Empecemos por los síntomas de falta de atención. Cuando se trata de niños de hasta 16 años, deben estar presentes al menos seis o más síntomas; para los adolescentes, a partir de 17 años, y los adultos, deben estar presentes un mínimo de cinco síntomas. Estos síntomas deben estar presentes durante al menos seis meses y ser inadecuados para el nivel de desarrollo del individuo (es decir, no deben coincidir con lo que se considera "normal" para esa edad).
  - Falta de atención a los detalles y constantes errores por descuido en las tareas escolares, el trabajo u otras actividades.
  - Tener dificultades para mantener la concentración y la atención en las tareas y otras actividades.
  - Seguir las instrucciones y completar las tareas, deberes u otras responsabilidades es difícil debido a la pérdida de concentración/desvío de atención.
  - Desafíos en la organización de tareas y actividades.
  - Presentar una sólida reticencia al realizar tareas que requieran esfuerzo mental durante periodos prolongados.
  - Tiene tendencia a perder o extraviar con regularidad objetos necesarios para las tareas y actividades, como lápices, libros, herramientas, gafas y otros materiales.
  - Las distracciones son habituales.
  - Los olvidos son frecuentes en las actividades cotidianas.

- **Hiperactividad e impulsividad:** Los criterios sobre la edad son los mismos que con la falta de atención. Revisemos: Cuando se trata de niños de hasta 16 años, deben estar

presentes al menos seis o más síntomas; para los
adolescentes, a partir de 17 años, y los adultos, deben estar
presentes un mínimo de cinco síntomas. Estos síntomas
deben estar presentes durante al menos seis meses y ser
inadecuados para el nivel de desarrollo del individuo (es
decir, no deben coincidir con lo que se considera "normal"
para esa edad).

- Inquietud constante, golpeteo de manos o pies, o
  inquietud, como retorcerse en las sillas.
- Incapaz de permanecer sentado cuando se le requiere, lo
  que a menudo le lleva a abandonar los asientos.
- Corretear y trepar habitualmente en situaciones
  inadecuadas. Los adolescentes y los adultos pueden
  experimentar sentimientos limitados de inquietud.
- Incapaz de participar en actividades tranquilamente.
- Constantemente "en movimiento".
- Hablar en exceso.
- Emitir respuestas antes de terminar las preguntas o
  frases.
- Luchan por esperar su turno.
- A menudo interrumpe o molesta a los demás durante
  juegos, conversaciones y otras actividades.

Además, deben cumplirse los siguientes criterios:

- Diversos síntomas desatentos o hiperactivos-impulsivos
  presentes antes de los 12 años.
- Varios síntomas están presentes en al menos dos o más
  entornos, como el hogar y la escuela.
- Es evidente que los síntomas impiden la calidad del
  funcionamiento social, escolar o laboral.
- Los síntomas no pueden atribuirse a ningún otro trastorno
  mental, como los trastornos de ansiedad y del estado de
  ánimo, los trastornos de personalidad y el trastorno
  disociativo. Los síntomas tampoco se producen únicamente

durante la esquizofrenia o cualquier otro trastorno psicótico.

Pueden darse tres tipos diferentes de TDAH en función de los tipos de síntomas:

- **Presentación combinada:** Si se presentaron simultáneamente suficientes síntomas de falta de atención e hiperactividad-impulsividad durante los últimos seis meses.
- **Presentación predominantemente inatenta:** Si durante los últimos seis meses han estado presentes suficientes síntomas de inatención, en ausencia de síntomas de hiperactividad-impulsividad.
- **Presentación predominantemente hiperactiva-impulsiva:** Si durante los últimos seis meses han estado presentes suficientes síntomas de hiperactividad-impulsividad, en ausencia de inatención.

Recuerda que los síntomas pueden cambiar con el tiempo; por tanto, la presentación también puede cambiar.

¿Quién puede diagnosticar el TDAH?

Nuestro viaje por el diagnóstico no acaba sólo con el DSM-5. Hay que tener en cuenta un par de hechos cruciales más. Un punto clave es que, aunque el TDAH es un trastorno frecuente, también suele malinterpretarse, lo que conduce a elevadas tasas de diagnósticos erróneos y de falta de diagnóstico.

Las imprecisiones en el diagnóstico pueden perjudicar considerablemente el funcionamiento diario, la salud mental y el fomento de las relaciones, privando a las personas con TDAH de llevar una vida feliz y plena, algo a lo que todos tenemos derecho. Esto subraya la importancia de recibir un diagnóstico y un tratamiento adecuados de un profesional de la salud mental cualificado. En general, la mayoría de las personas diagnosticadas de TDAH recurren a una combinación de medicación y tratamiento psicológico. Y, como sabes, reina la precisión, dada la naturaleza crítica de estos aspectos. En primer lugar, familiarízate con la normativa sobre pruebas y diagnóstico del TDAH de tu país para asegurarte de que acudes a los expertos adecuados. Créeme, un poco de investigación te ahorrará tiempo, frustración y dinero.

En la mayoría de los países, el diagnóstico de TDAH realizado por un psicólogo o un neuropsicólogo no basta para acceder a los tan necesarios medicamentos para el tratamiento. En Australia, los médicos generalistas pueden diagnosticar el TDAH y recetar determinados medicamentos sin la intervención de un psiquiatra. Sin embargo, se requiere un diagnóstico formal de un psiquiatra para un tratamiento más completo, que siempre es necesario. En EE.UU., tanto los médicos generalistas como los psiquiatras tienen autoridad para confirmar un diagnóstico de TDAH e iniciar el tratamiento. Si das un salto a Europa, países como Francia, Alemania y el Reino Unido sólo permiten el diagnóstico de un psiquiatra para acceder a la medicación y al apoyo. Los médicos generalistas y los psicólogos sólo pueden aplicar entonces el tratamiento recomendado.

Veamos algunos pros y contras relativos a varios profesionales.

Médicos generales y pediatras

Los médicos de familia, como los medicos general o los pediatras, son los más indicados para tratar las preocupaciones relacionadas con el TDAH. Y con razón, ya que pueden aportar más claridad realizando pruebas provisionales, utilizando cuestionarios y escalas y, en algunos países, incluso recetando determinados medicamentos relacionados con el TDAH. También pueden remitir a psiquiatras y psicólogos para tratamientos posteriores.

Pros

- Tiempos de espera más cortos para las citas.
- Fácilmente accesible.
- Acceso a determinados medicamentos sin necesidad de consultas formales con un psiquiatra.

Contras

- No se pueden proporcionar tratamientos no medicados, como terapia conductual y asesoramiento.
- La gama de medicamentos que pueden prescribirse para el tratamiento es limitada.

Neuropsicólogos y psicólogos

Cuando se trata de pruebas de TDAH con un psicólogo, puedes esperar una evaluación agotadora que profundizará en la historia de la infancia, los síntomas y las circunstancias vitales, así como en cuestionarios diagnósticos y resultados de escalas.

Cuando se trata de neuropsicólogos, pueden seguirse los mismos procedimientos. Sin embargo, estos especialistas están formados para profundizar en la función y la estructura cerebrales. Exploran cómo las anomalías en estos aspectos repercuten en la cognición y el comportamiento. Por tanto, puede decirse que, para una visión más específica de cómo los déficits neurológicos en el funcionamiento ejecutivo pueden conducir a un diagnóstico de TDAH, los neuropsicólogos son los especialistas a los que hay que acudir.

Pros

- Puede proporcionarse tratamiento psicológico, como entrenamiento para el TDAH y terapia cognitivo-conductual.

. . .

Contras

- Los gastos de consulta suelen ser costosos.
- No se pueden prescribir medicamentos.

Psiquiatras

Estos especialistas con formación clínica tratan trastornos mentales y pueden proporcionar una evaluación diagnóstica completa del TDAH. Esto incluirá también una evaluación que profundizará en la historia de la infancia, los síntomas, las circunstancias vitales, los cuestionarios de diagnóstico y los resultados de las escalas.

Pros

- Las evaluaciones psiquiátricas son minuciosas y tienen en cuenta diversos factores para formar un diagnóstico preciso.
- Puede prescribir diversos medicamentos para el tratamiento.

Contras

- Los gastos de consulta pueden ser costosos.
- Debido a la gran demanda, es posible que el tiempo de espera sea mayor.

Terapeutas y asesores licenciados

Al igual que los psiquiatras, neuropsicólogos y psicólogos, el diagnóstico del TDAH se realiza profundizando en la historia de la infancia, los síntomas y las circunstancias vitales, junto con la utilización de cuestionarios de diagnóstico del TDAH y los resultados de las escalas. Sin embargo, los enfoques de los terapeutas y asesores incorporan métodos de asesoramiento y terapia, como el entrenamiento para el TDAH y los grupos de apoyo. Por lo tanto, suelen centrarse más en abordar el comportamiento de forma cariñosa y comprensiva.

Pros

- Puede proporcionarse tratamiento psicológico en forma de terapia cognitivo-conductual y entrenamiento para el TDAH.

Contras

- No se puede prescribir ningún medicamento.

Como puedes ver, existen varias opciones a la hora de buscar un diagnóstico profesional. Es esencial sopesar todos los factores, como el tiempo, el coste y los tratamientos recomendados. Sin embargo, por encima de todo, la mejor opción es siempre la que mejorará la calidad de vida. Recuerda, aquí no hay soluciones rápidas ni atajos mágicos; es un viaje.

Qué esperar en una evaluación para el diagnóstico del TDAH

Hablemos aquí en "tiempo real" de lo que puedes esperar de una evaluación diagnóstica del TDAH. Vamos a echar un vistazo de cerca a la evaluación inicial de cribado, así como a la evaluación exhaustiva. Ten en cuenta que el proceso de diagnóstico puede tomar diferentes "rutas" dependiendo de dónde te encuentres.

Evaluación inicial

Un consejo rápido antes de entrar en detalles: Un punto de partida excelente sería consultar a tu médico de cabecera y, a partir de ahí, ir paso a paso.

- La primera parada es una entrevista inicial que ayudará a determinar si los retos sociales, conductuales, emocionales, académicos o laborales pueden atribuirse al TDAH o verse amplificados por él.

- Los criterios del DSM-5 se utilizarán para ayudar a evaluar si el número y el tipo de síntomas mostrados podrían sugerir la presencia de TDAH. Supongamos que los criterios sí apuntan a la posible presencia de TDAH. En ese caso, el siguiente paso será someterse a una evaluación exhaustiva.

Evaluación integral

El primer paso de una evaluación exhaustiva consiste en una serie de entrevistas en profundidad con personas que conozcan a tu hijo, para recopilar información exhaustiva sobre sus antecedentes. Esto suele incluir a los padres y cuidadores.

- Lo siguiente es una evaluación del historial de síntomas básicos, que puede incluir una serie de preguntas detalladas como las siguientes:
- ¿Qué síntomas específicos se presentan?
- ¿Cuándo se presentan estos síntomas?
- ¿Estos síntomas son constantes en varias situaciones o en la misma?
- ¿Cuál es la edad de aparición de estos síntomas?
- ¿Estos síntomas son generalizados y cuál es la duración típica?
- ¿Hay factores que parecen aliviar estos síntomas?
- ¿Hasta qué punto afectan estos síntomas al funcionamiento de tu hijo adecuado a su edad y a su rutina diaria?

A continuación, se realiza una evaluación biopsicosocial que incluye aspectos históricos relacionados con lo siguiente:

- Historia prenatal, desarrollo temprano e hitos del desarrollo.
- Historial médico, incluidas hospitalizaciones, enfermedades y lesiones.

- Antecedentes familiares, que incluyan incidentes de violencia, separación o cualquier otra forma de trastorno/trauma.
- Funcionamiento actual, detallando un día típico en la vida de tu hijo.
- Problemas concurrentes, como depresión, ansiedad, problemas de regulación de la ira y dificultades de aprendizaje, por nombrar algunos.
- Historial académico y laboral, destacando sus retos y éxitos.
- Sus capacidades únicas, sus puntos fuertes y sus habilidades de afrontamiento.
- Interacción con la familia y otras relaciones sociales.
- Cualquier consumo de sustancias es una consideración.
- Una evaluación del estado mental y del temperamento.
- Antecedentes familiares de TDAH o trastornos concurrentes.
- También se llevan a cabo entrevistas conductuales separadas o sesiones de juego infantil para discutir y observar los comportamientos preocupantes.
- Se administran escalas de valoración de la conducta del TDAH y de autoinforme.
- Se puede pedir a las personas que interactúan habitualmente con tu hijo, como familiares y otros cuidadores, que rellenen las escalas de valoración pertinentes.
- Puede realizarse una observación de tu hijo en su entorno escolar y "natural".

Pueden remitirse para una evaluación adicional:

- Para descartar cualquier afección médica similar al TDAH, puede ser necesaria una exploración médica, neuroevolutiva o pediátrica.

- Para cualquier trastorno concurrente que pueda estar presente y para evaluar las necesidades y beneficios de la medicación, puede realizarse una evaluación psiquiátrica.
- Para cualquier posible discapacidad de aprendizaje, pueden hacerse pruebas psicológicas.
- Pueden realizarse pruebas de visión, lenguaje, habla y audición.

Se pueden programar citas posteriores para:

- Revisa las escalas de valoración completadas por las partes implicadas en la vida diaria de tu hijo.
- Revisión de los expedientes escolares.
- Revisión de los historiales médicos pertinentes.
- Revisión de otra información de evaluación.
- Resume el proceso de evaluación, comparte los resultados y discute el diagnóstico.
- Colaboración con los padres, la familia o los cuidadores para crear un plan de tratamiento compartido.

La avalancha de información puede parecer abrumadora al principio, pero recuerda que cada paso en el camino del diagnóstico es un paso que preparará a tu hijo para vivir una vida plena y feliz. Veamos cómo puedes prepararte mejor para este proceso, a fin de ayudar a frenar parte de ese agobio inicial.

Preparación para la evaluación

Antes de la cita de evaluación "inicial", tú y tu hijo debéis rellenar varios cuestionarios en línea. En ellos se profundizará en información general sobre tu hijo, como su historial de desarrollo, conductual y médico y detalles familiares. Luego está tu "caja de herramientas de evaluación", que consiste en un práctico conjunto de cosas que debes tener listas para llevar a la primera evaluación.

Veamos en qué debe consistir tu "caja de herramientas de evaluación".

Herramientas de evaluación

- Todos los historiales médicos de tu hijo.
- Boletines de notas escolares y otros informes o información sobre el rendimiento académico y el comportamiento de tu hijo.
- Todos los resultados de pruebas adicionales, como pruebas de rendimiento, evaluaciones de personalidad, pruebas de cociente intelectual y evaluaciones previas del TDAH, junto con los nombres y la información de contacto de las personas que las realizaron.
- Todos los nombres y datos de contacto de otros adultos y cuidadores implicados en la vida de tu hijo, como profesores y cuidadores extraescolares. También se les puede pedir que rellenen formularios.
- Si procede, lleva contigo los planes educativos individualizados (PEI).

A continuación, prepárate para una ronda de preguntas en la entrevista con los padres, algunas indagaciones médicas y ahondar en alguna información sobre asuntos familiares. Veamos qué te espera.

Entrevista a los padres

En primer lugar, es óptimo que ambos progenitores estén presentes durante la entrevista con los padres. Os preguntarán sobre los detalles de los síntomas del TDAH o el TDA y sobre cómo afectan a cada rincón de la vida de vuestro hijo. Considera la posibilidad de rellenar listas de comprobación, escalas de valoración y formularios para obtener más información. Por tu parte, prepárate para la entrevista enumerando las preocupaciones sobre tu hijo que te gustaría abordar. Es muy aconsejable hablar con los profesores y otros cuidadores para obtener más información y observaciones pertinentes.

Además, repasa las siguientes preguntas para asegurarte de que tienes las mejores respuestas posibles para facilitar un diagnóstico adecuado:

- ¿Cuándo surgieron inicialmente estas preocupaciones/síntomas?
- ¿Durante cuánto tiempo han persistido estas preocupaciones/síntomas?
- ¿En qué entornos y en qué momentos prevalecen estas preocupaciones/síntomas: en casa, en la escuela, en actividades extraescolares, entre compañeros, en el vecindario o en tu comunidad?
- ¿Estas preocupaciones/síntomas exceden lo que se considera normal o se desvían de lo que se espera que sea típico para otros niños de la edad de tu hijo?

Preguntas médicas

Aunque es un gran comienzo, puede que necesites algo más que revisar los historiales médicos para tu especialista. Así pues, vamos a ponerte cómodo con algunas preguntas de sondeo sobre el historial médico de tu hijo. Algunas posibles preguntas para las que hay que prepararse son

- ¿Tienes antecedentes familiares de problemas de conducta diagnosticados, como TDAH o TDA?
- ¿Tuviste alguna complicación durante el embarazo?
- ¿Tu hijo ha sufrido alguna vez convulsiones o un traumatismo craneal?
- Si a tu hijo le han diagnosticado alguna enfermedad crónica, ¿cómo la ha llevado?
- ¿Ha experimentado tu hijo algún problema con las deposiciones o la enuresis?

Cuestiones familiares

Hablar de temas familiares puede no ser un paseo por el parque. Puede parecer un reto o incluso irrelevante, pero no tengas miedo. Cuéntaselo todo a tu especialista, porque cuanta más información tenga, mejor podrá descifrar qué puede influir en el comportamiento de tu hijo. No se trata sólo de lo malo; menciona los puntos fuertes de tu hijo para dar una imagen completa de quién es.

Veamos algunas preguntas relacionadas con la familia que pueden surgirte:

- ¿Ha experimentado tu familia algún cambio significativo reciente, como una nueva incorporación a la familia, una separación, un traslado o una transición escolar?
- ¿Ha habido en tu familia tensiones o discordias crónicas?
- ¿Hay alguien en tu familia que tenga problemas de salud o de adicción?
- ¿Ha sufrido tu familia alguna pérdida importante, como la muerte de un ser querido o de una mascota?

ELEMENTO INTERACTIVO

¡Ha llegado la hora de esa dosis tan importante de inspiración y asociación! Para esta ronda contamos con el apoyo del actor Channing Tatum.

El famoso actor y modelo Channing no oculta los obstáculos a los que se enfrentó en la escuela debido al TDAH y la dislexia. Pues bien, más allá de ser sincero sobre sus luchas, tiene un poderoso mensaje. Enfatizó maravillosamente la importancia de la singularidad de cada persona que se enfrenta a estos retos y también abogó firmemente por transformar esos mismos retos en peldaños para el crecimiento personal.

Su experiencia personal con los medicamentos está marcada por la frustración, ya que no abordaban correctamente sus necesidades de aprendizaje. Sin embargo, sin dejarse intimidar por estos retos, aceptó su singularidad y encontró consuelo en las artes, labrándose una carrera cinematográfica de éxito y una nueva pasión por la escultura.

¿Y qué podemos aprender exactamente de este formidable actor? Acepta las diferencias y abraza la singularidad de tu trayectoria, porque abrazar tu individualidad puede desbloquear tus pasiones y un éxito extraordinario. Recuerda, tu vida y tu camino son valiosos, y tus puntos fuertes y tus retos pueden moldearte hasta convertirte en el individuo extraordinario que eres.

Conseguir un diagnóstico adecuado y encontrar el apoyo necesario puede llevar mucho tiempo. Sin embargo, aún puedes tener opciones para mejorar el comportamiento de tu hijo. Así pues, sigamos adelante y profundicemos en algunas estrategias de gestión del comportamiento que ayudarán a aliviar problemas como las crisis.

4

ESTRATEGIAS DE GESTIÓN CONDUCTUAL

> '*Cuando eres dueño de tu aliento, nadie puede robarte la paz*". - Desconocido

Las rabietas y los momentos de silencio amenazante son escenas comunes, ¿verdad? A veces, parece imposible disfrutar de un momento tranquilo sin una dosis de drama o distracción. La frustración es real, y los consejos bienintencionados, aunque a menudo molestos, no faltan. Seguro que puedes "escuchar" el clásico consejo no solicitado: "Solo respira". Y sí, entiendo que te saque un ojo en blanco. Pero, ¿y si te dijera que hay algo de verdad en ese consejo?

Piensa en cómo funciona la respuesta de tu cuerpo ante el estrés: el famoso mecanismo de "lucha o huye". Es genial para situaciones críticas, pero cuando se activa constantemente por los desafíos diarios, puede causar problemas de salud como presión arterial alta, ansiedad, estrés crónico, depresión e incluso debilitar el sistema inmunológico.

Aunque no podemos eliminar el estrés de nuestras vidas, sí podemos cambiar cómo respondemos a él. Aquí es donde entra la respuesta de relajación, ese estado de calma que ayuda a contrarrestar los efectos del estrés. Hay muchas maneras de activarla, como la meditación o el yoga, pero hoy quiero destacar algo más simple y efectivo: las técnicas de respiración.

Respirar profundamente y cambiar dióxido de carbono por oxígeno fresco puede ayudarte a reducir la frustración, aliviar el estrés y recuperar la calma. Es una herramienta sencilla, siempre disponible, y puede marcar una gran diferencia en tu día a día. Así que, la próxima vez que escuches "Solo respira", dale una oportunidad: puede ser el primer paso para encontrar el equilibrio.

Pausa para los padres

Si te encuentras en medio de una tormenta de estrés o ansiedad de alto nivel, respira. Créeme, estas técnicas te inducirán a un estado de calma y relajación. No hace falta ningún equipo sofisticado; puedes empezar con sólo cinco minutos diarios. Incluso dos minutos serán suficientes para empezar. Así, no tienes que preocuparte de que te robe demasiado de tu precioso tiempo.

Aunque hay un requisito previo, debes hacerlo varias veces a lo largo del día. Prográmalo o respira cuando lo necesites, siempre que le des una vuelta.

Respiración profunda

Esta técnica aliviará la falta de aire, liberará todo el aire atrapado y lo sustituirá por oxígeno fresco, haciéndote sentir más centrado y relajado.

Qué hacer:

- Puedes hacerlo sentado o de pie.
- Echa ligeramente los codos hacia atrás y expande el pecho.
- Inhala profundamente por la nariz.
- Aguanta la respiración durante cinco cuentas.

- Luego, exhala lentamente por la nariz.

Respiración resonante/coherente

Este ejercicio respiratorio requiere que respires a un ritmo de cinco respiraciones completas por minuto. Puedes inhalar y exhalar contando hasta cinco. Es excelente para reducir el estrés y aumentar la variabilidad de la frecuencia cardiaca (VFC).

Qué hacer:

- Puedes hacerlo sentado o de pie.
- Inhala contando hasta cinco.
- Luego, exhala contando hasta cinco.
- Repite este patrón durante al menos cinco minutos.
- ¡Y ya está! Fácil y sencillo, pero muy potente, y sin duda merece la pena probarlo.

¿Cómo puede ayudar la terapia?

Los niños diagnosticados de TDAH se benefician realmente de la terapia, y una gran razón para ello es que ayuda a aliviar las emociones difíciles asociadas a este diagnóstico. La terapia permite a los niños afrontar mejor los retos, mejorando su confianza y ayudándoles en la batalla contra los sentimientos de ira, frustración, ansiedad y depresión.

Es algo más que un tratamiento; es una valiosa herramienta que mejora su calidad de vida en general. La terapia les capacita para:

- ser más organizado,
- presta más atención,
- estar más centrado,
- mejorar su capacidad de escucha,
- socializar mejor, y
- experimentan menos problemas de conducta.

. . .

¿Cómo funciona y qué ocurre?

Se trata de aprendizaje práctico y de un entorno positivo en el que tu hijo se sienta apoyado y animado.

El terapeuta interactuará conjurando ideas y actividades que cubran aspectos como el manejo de las emociones, el dominio de la atención, las habilidades sociales, las técnicas de estudio e incluso habilidades para afrontar mejor la ansiedad. Los padres también participan en algunas sesiones, lo que es excelente para aprender trucos y consejos prácticos para que las clases fluyan en casa. También hablarás con el terapeuta, respondiendo a un par de preguntas para profundizar en su comprensión de tu hijo. Pero, ¿qué ocurre exactamente durante estas sesiones?

- **Jugar con un propósito:** se puede jugar a juegos que enseñen a los niños a seguir instrucciones, ir más despacio y volver a intentarlo sin tener un ataque de nervios. Esto es estupendo para fomentar el autocontrol (como esperar su turno), la planificación, la organización y cómo guardar las cosas.
- **Resolución de problemas:** Se tratarán los problemas relacionados con el TDAH que se experimentan en distintos entornos. Encontrar soluciones a estos problemas es un esfuerzo de colaboración en el que participan el terapeuta, los padres y tu hijo.
- **Hablar y escuchar:** Se enseña a los niños a prestar atención a sus sentimientos y a expresarlos verbalmente en lugar de mediante acciones. Hablar de sus sentimientos y escuchar activamente ayuda a los niños a sentirse comprendidos, mejora la atención y potencia el aprendizaje y la capacidad de escuchar.
- **Actividades que enseñan lecciones:** Las lecciones sobre las emociones, la comprensión de los demás, la organización y

el estudio se desarrollan a través de divertidas actividades y hojas de ejercicios.

- **Practicar nuevas habilidades:** Pueden enseñarse nuevas habilidades, como ejercicios de respiración y atención plena, para ayudar a mejorar la atención y calmar el cuerpo y la mente.

¿Cómo puedes ayudar?

Ser diagnosticado de TDAH no es culpa de nadie; por tanto, lo mejor es centrarse en convertir los retos en oportunidades y centrarse en el aprendizaje durante las sesiones de terapia. Puedes dar algunos pasos más para apoyar la mejora; profundicemos en algunos detalles:

- **Terapia amistosa:** Se trata de tu hijo; por tanto, es fundamental que se sienta cómodo con el terapeuta. Investiga un poco y pregunta. Consulta con el equipo médico de tu hijo y explora el sitio web de CHADD.
- **La constancia es la clave:** Nunca te saltes una sesión. Tu hijo está aprendiendo; la repetición es vital para que esas habilidades se conviertan en hábitos arraigados.
- **El trabajo en equipo es un trabajo de ensueño:** Trabaja con el terapeuta de tu hijo para encontrar las mejores estrategias y soluciones para los distintos problemas de conducta.
- **La práctica hace al maestro:** Para reforzar las conductas, pregunta al terapeuta de tu hijo qué juegos, consejos y trucos puedes incorporar en casa para reforzar su aprendizaje.
- **La compasión es crucial:** Recuerda abordar cada paso con una sólida dosis de paciencia y calidez.

Tipos de terapia para niños con TDAH

Como cada niño y su trayectoria con el TDAH son únicos, nosotros, como padres, tenemos la suerte de contar con amplias opciones en lo que respecta a la terapia.

En mi opinión, la terapia conductual, la terapia cognitivo-conductual, la terapia de juego, la terapia artística y la musicoterapia han demostrado ser muy valiosas. Sin más preámbulos, centrémonos en cada una de ellas para comprender mejor lo que cabe esperar.

Terapia conductual

La terapia conductual desplaza el foco de atención hacia las acciones, no hacia las emociones, ayudando a tu hijo a convertir la energía negativa perturbadora en pensamientos y acciones positivos. Y toda esta fiesta empieza contigo como padre.

- Esta forma de terapia difiere de la psicoterapia, la terapia de juego, el entrenamiento para el TDAH o la terapia ocupacional.
- Se puede recurrir a los entrenadores de TDAH como apoyo; recuerda que no son médicos ni terapeutas.
- La terapia conductual es tan eficaz como la medicación en los niños pequeños. La terapia conductual suele ser el único tratamiento utilizado para los niños diagnosticados de TDAH de entre cuatro y cinco años. Sin embargo, en los casos más graves, el médico puede recetar medicación.
- Para los niños de seis años o más, suele recomendarse la terapia conductual combinada con medicación (el enfoque multimodal).

Ahora bien, ¿qué es exactamente la formación de padres?

Formación para padres

Los padres son los principales cuidadores en la terapia conductual. Por tanto, necesitarás instrucción y formación de padres para adquirir los conocimientos necesarios. Sí, todo depende de tus habilidades y enfoques. Por lo general, estarás bien pulido tras unas ocho sesiones con un terapeuta cualificado. Considera la posibilidad de darle una vuelta más a la gestión del estrés. Hagamos un rápido repaso de los aspectos básicos para empezar:

- Puedes elegir un terapeuta conductual para el TDAH u optar por algunas clases de terapia conductual para el TDAH que capaciten a los padres para navegar mejor por el camino del TDAH.
- Aprenderás a responder mejor a los comportamientos de TDAH y a establecer normas y pautas. Esto inculcará un comportamiento positivo en tu hijo y fomentará vínculos más fuertes entre todos los implicados.
- Pregunta a tu médico de cabecera o busca algunas clases y terapeutas en listados que utilicen términos como formación para padres, formación conductual para padres y formación en gestión conductual para padres.

En pocas palabras, vale la pena investigar casi todo lo que contenga las palabras "padres", "adiestramiento" y "comportamiento".

La terapia conductual y los niños con TDAH

Mediante la terapia conductual, se enseñará a tu hijo a reunir habilidades como:

- Limitar los comportamientos perturbadores
- Reforzar los comportamientos positivos,
- Expresar sus emociones de forma tranquila y más positiva.

Algunas técnicas de terapia conductual serán

- **Economía de fichas:** Se trata de consecuencia y recompensa; igual que un profesor da estrellas por el trabajo bien hecho, puedes emplear los mismos principios en casa.
- **Refuerzo positivo:** Utiliza un sistema de recompensas como estímulo para el buen comportamiento. Si se hace el trabajo, se desbloquea una hora de videojuegos, por ejemplo.
- **Coste de respuesta:** Es lo contrario del refuerzo positivo, en el que se suprime un privilegio si aparece un comportamiento no deseado. Ni deberes, ni videojuegos.
- **Tiempo muerto:** Todos conocemos bien esta antigua tradición. El mal comportamiento se reprende sentándose en silencio a solas durante un par de minutos.

Recuerda que es esencial fijar objetivos claros y razonables y ser coherente con las recompensas y las consecuencias.

Terapia cognitivo-conductual

Una opción cada vez más favorable para controlar el TDAH es la terapia cognitivo-conductual (TCC), que se utiliza junto con la medicación o como alternativa. Esta forma de terapia se centra en cómo el pensamiento influye en las emociones y el comportamiento.

Seamos realistas por un momento sobre la medicación. No se puede discutir que es muy beneficiosa en algunos casos, ya que ofrece un alivio rápido de los síntomas. Sin embargo, la medicación sólo es eficaz con un uso continuado. Por otro lado, tenemos la terapia, que tarda un poco más en funcionar, pero ofrece resultados a largo plazo. Esto hace que la terapia sea una opción excelente, porque las habilidades adquiridas, como la resolución de problemas, la planificación, la toma de decisiones y la capacidad de organización, beneficiarán a tu hijo durante toda su vida.

La TCC y los niños con TDAH

La TCC ayuda a tu hijo a identificar los pensamientos que desencadenan emociones y acciones negativas y a sustituirlos por otros positivos. Es estupendo porque estas habilidades y estrategias de afrontamiento adquiridas permiten a tu hijo autorregularse y gestionar mejor sus sentimientos. Esto es digno de mención si tenemos en cuenta que, según un estudio de 2019 (Sciberras et al., 2019), aproximadamente el 60% de los niños diagnosticados de TDAH también padecen ansiedad.

El poder de la TCC reside en su capacidad para reducir los pensamientos desmoralizadores y disminuir la ansiedad. Los pensamientos negativos, como hiperfocalizarse en los errores en lugar de en los éxitos, culparse a sí mismo por acontecimientos incontrolables y los sentimientos de inferioridad, por ejemplo, se frenan significativamente. Consideremos un escenario del mundo real: Tu hijo puede pensar que tiene la culpa de que otro niño no quiera jugar. Mediante la terapia TCC, tu hijo aprende a recordarse a sí mismo que quizá no sea culpa suya y que puede haber una razón oculta para el rechazo que no esté relacionada con él.

Otro aspecto importante de la TCC es que facilita mucho la realización de tareas al dotar a tu hijo de la capacidad de dividir las grandes tareas en otras más pequeñas y manejables. Esto es muy útil para frenar la sensación de agobio.

Terapia de juego

La terapia de juego es un método de intervención agradable y eficaz para eliminar cualquier posibilidad de diagnóstico de TDA o TDAH, retrasos en el desarrollo, adaptación o problemas ambientales antes de un diagnóstico formal.

Se trata de utilizar el juego terapéutico como paso previo en el proceso de evaluación y tratamiento.

La terapia de juego y los niños con TDAH

Sin embargo, la terapia de juego no sólo está reservada a los escenarios previos al diagnóstico; ¡también es un excelente tratamiento complementario! Imparte habilidades cruciales que ayudan a abordar los retos emocionales que suelen asociarse al TDA y al TDAH. Les ayuda a aumentar su sentido de la responsabilidad, mejorar la regulación emocional, fomentar la receptividad a la hora de comprender y establecer límites, aumentar la autoestima y la confianza, y frenar los sentimientos de ansiedad y depresión.

Arteterapia

Las terapias alternativas no reciben la atención que merecen. A menudo se pasan por alto como método de tratamiento, teniendo en cuenta su importante repercusión a la hora de abordar los retos fundamentales de los niños diagnosticados de TDA y TDAH. Creo que las terapias alternativas, como el juego y la terapia artística, merecen más atención.

La terapia artística emplea técnicas de expresión creativa no verbal, que funcionan de maravilla para canalizar las emociones intensas y frenar los arrebatos emocionales. Esta salida fantástica aplaca esas crisis y mejora el comportamiento, la autoestima y la confianza. Y todos sabemos que si la vida va bien en esas áreas, fluye y afecta positivamente a todos los demás aspectos. ¡Incluso se ha demostrado que sus beneficios aumentan la capacidad de atención y concentración!

Arteterapia y niños con TDAH

Dado que el arte es una parte natural del juego en el desarrollo infantil, la terapia artística reduce muchos de los retos a los que se enfrentan los niños con TDAH en casa y en el la escuela, permitiéndoles explorar su identidad más allá de las etiquetas sociales.

Hablando de etiquetas, los niños con TDAH tienen que enfrentarse a muchos retos cuando se trata de etiquetarles, generalmente haciendo hincapié en sus comportamientos negativos. Y, naturalmente, les resulta difícil reconocer o centrarse en sus aspectos positivos. Aquí es precisamente donde la arteterapia reina; ayuda a los niños a conectar positivamente con su identidad interior. Esta conexión facilita una navegación más fluida a través de las experiencias negativas.

Desgraciadamente, la arteterapia no suele ofrecerse en las escuelas ni por parte de los terapeutas. Por lo tanto, se recomienda encarecidamente expresar interés y buscar orientación de tu terapeuta o educadores sobre terapias alternativas. Es importante señalar que la arteterapia no sustituye a las formas tradicionales de tratamiento; sin embargo, constituye un recurso complementario convincente.

Musicoterapia

Otra fantástica terapia alternativa a tener en cuenta es la musicoterapia. No sólo tiene un impacto positivo significativo en la función cerebral, sino que también reduce eficazmente el estrés de las personas diagnosticadas de TDAH.

Las intrincadas conexiones emocionales, físicas y mentales que se forman cuando escuchamos música son los elementos mágicos exactos que intervienen en las complejas relaciones del cerebro, ayudando a abordar los retos psicológicos y físicos. Esta forma de psicoterapia, que incluye un proceso de intervención sistemática, comienza cuando el dulce sonido de la música entra en tus oídos. La musicoterapia puede implicar diversas técnicas, como escuchar, aprender y crear música. Estas técnicas pueden incluir los ritmos binaurales, la improvisación, la composición de canciones, la discusión de experiencias musicales o la recreación musical. Todas estas técnicas producen resultados positivos significativos, y la creación musical es increíblemente impactante.

La musicoterapia y los niños con TDAH

Según las investigaciones, los niños con TDAH han experigado una mejora significativa de los síntomas cuando reciben musicoterapia o escuchan música de fondo (Jackson, 2003). Escuchar y hacer algo de música ayuda con otros problemas relacionados con el TDAH, como la depresión, los trastornos de adaptación y los trastornos del aprendizaje.

Ahora bien, ¿qué más puede hacer la musicoterapia?

- Aumenta el estado de alerta
- Mejora la concentración y la confianza en ti mismo
- Mejorar el sueño
- Crea una sensación de calma
- Ofrecer una forma segura y socialmente aceptable de comunicarse y expresarse.
- Fomenta la resolución creativa de problemas.

Dependiendo de cuál sea el objetivo del tratamiento, todos los géneros musicales tienen sus importantes beneficios. La buena música rock puede ayudar a las funciones motoras, mientras que la música relajante es preferible para la calma. Pero he aquí una noticia bastante emocionante: en lo que se refiere a la música y los niños con TDAH, las investigaciones han descubierto que, mientras participan activamente en la creación musical, los niños no presentan síntomas (Wilde y Welch, 2022). Se supone que los componentes de hacer música y la creatividad estimulan la mente de formas que no se ven afectadas por el TDAH. Así pues, este pequeño hecho dorado podría aprovecharse mediante la musicoterapia para ayudar a fomentar la motivación en diversos aspectos. Es esencial tener en cuenta que el TDAH no puede curarse, y que ninguno de estos tratamientos librará a tu hijo de su neurodivergencia. Sin embargo, todos ellos mejoran significativamente la calidad de vida al gestionar mejor los retos asociados al TDAH. Mi hijo descubrió una profunda pasión por la música.Le ayudaba a concentrarse y era una forma excelente de expresarse. A pesar de su TDAH, trabajó duro para obtener un título de BSA en música. Su éxito demuestra lo poderosa que puede ser la música para superar los retos.

Un último consejo útil sobre la terapia: muchas técnicas terapéuticas prácticas se ofrecen en Internet. Así, ¡puedes aprovechar algunos recursos valiosos sin salir de casa!

Respiración profunda para una persona pequeña

Empecemos por el principio y veamos la intrincada relación entre la respiración y el sistema nervioso parasimpático para comprender mejor los beneficios de la respiración profunda.

Todos tenemos dos "equipos" importantes dentro de nuestro cuerpo: el sistema nervioso parasimpático (SNPS) y el sistema nervioso simpático (SNS). Son dos ramas de nuestro sistema nervioso autónomo (SNA), que ayuda al cuerpo a mantener un estado de homeostasis, manteniendo todo bien equilibrado. El SNP es responsable del descanso y la digestión, y el SNS se encarga de los estímulos que provocan estrés y de la respuesta de lucha o huida. Ambos afectan a tu respiración, y cuando se trata de respirar profundamente, el SNP ocupa el centro del escenario, activando un estado de relajación y calma.

El siguiente es el nervio vago, un nervio craneal que es un mensajero especial que lleva información del cerebro a los órganos del cuerpo. Puedes verlo como el ayudante del SNPS, devolviendo al cuerpo a un estado de equilibrio tras el estrés. El nervio vago facilita la regulación del ritmo cardíaco, ralentizándolo cuando las cosas van demasiado deprisa, y viaja a través de un músculo, el diafragma, que facilita la respiración. Luego está el tono vagal, que indica la actividad del nervio vago. Si el tono vagal es fuerte, tu cuerpo puede calmarse mucho más rápidamente tras una respuesta de estrés que con un tono vagal débil. Y ésta es tu rápida lección de biología; sin embargo, seguimos adelante.

Para la parte crítica, realizar una respiración profunda o diafragmática activa el nervio vago y el SNPS. Tu ritmo cardiaco se ralentiza, la tensión arterial desciende y las hormonas del estrés, como el cortisol, disminuyen, dejando paso a hormonas del bienestar, como las endorfinas, que aumentan el estado de ánimo y la relajación. Es sorprendente cómo unas cuantas respiraciones profundas pueden ayudarte a entrar en un estado de mayor paz, ¿verdad?

Respiración para niños

Una de las mejores formas de apoyar a tu hijo es enseñarle cómo funciona la respiración profunda, mejorando su comprensión de cómo funciona su cuerpo en las emociones intensas. Al igual que nos ocurre a los adultos, relajará el cuerpo, reorientará la mente, reducirá la frecuencia cardiaca y disminuirá la ansiedad y el estrés.

Existen varios ejercicios de respiración para niños, como la respiración con globos y la respiración con burbujas, por nombrar algunos. Sin embargo, la respiración abdominal, o respiración diafragmática, es un comienzo sencillo y eficaz que puede hacerse discretamente, en cualquier momento y en cualquier lugar. Examinemos cómo puedes dotarles de esta poderosa herramienta para calmarse en los momentos estresantes.

Qué hacer:

- Pide a tu hijo que se siente y respire con normalidad. Presta atención a cómo se siente.
- Ahora, que se pongan una mano en el vientre, justo encima del ombligo, y la otra en el pecho.
- Ahora, deja que inhalen profundamente por la nariz y llenen los pulmones de aire hasta el vientre.
- Cuando su barriga se llene de aire y se expanda, pídele que preste atención a cómo se eleva su mano inferior.
- A continuación, pídele que exhale lentamente por la boca y que sienta cómo vuelve a bajar la mano de abajo.
- Anima a tu hijo a inhalar y exhalar lenta y uniformemente pidiéndole que haga ruido al exhalar, que finja que sopla velas o que se ponga una mano sobre la boca para sentir el aire.

- Repítelo un par de veces y pregunta a tu hijo cómo se siente después.

Trucos y consejos:

- La respiración torácica superficial está relacionada con la respiración ansiosa. Por tanto, si la mano de tu hijo en el pecho es la única que se mueve arriba y abajo, hazle consciente de ello y sugiérele que intente respirar más profundamente en el vientre.
- Hacer que se tumbe boca arriba puede ser más fácil inicialmente para inducir un estado de calma.
- Si lo deseas, puedes utilizar un objeto diferente, como un libro, en lugar de las manos.
- Es mejor practicar la respiración profunda cuando tu hijo está tranquilo.
- Utiliza el conteo animándoles a inhalar durante tres cuentas, hacer una breve pausa y luego exhalar lentamente durante cuatro cuentas.
- Ajusta y adapta el ejercicio a las necesidades de tu hijo, siempre que le induzca un estado de calma.

Técnicas tranquilizadoras

Cada niño es único; por tanto, lo que puede funcionar de maravilla para uno puede no hacerlo para otro. Sin embargo, realizar determinadas actividades en momentos concretos, como breves estallidos de actividad física o hacer descansos regulares y moverse siempre que decaiga la concentración, puede ser beneficioso.

Algunos expertos relacionan el TDAH con el funcionamiento ejecutivo del cerebro, y esto implica ser capaz de hacer pausas y pensar, planificar y organizar, ser consciente de la conducta y cambiar de una tarea a otra. La regulación emocional implica aprovechar todos estos aspectos:

- Hacer una pausa y pensar.
- Presta atención a cómo se siente tu cuerpo.
- Recordar las estrategias que funcionan.
- Elegir la mejor opción.
- Organizar los pensamientos.
- Actuar en el momento adecuado.

Eso es mucho que hacer y puede suponer un gran reto para un niño con TDAH. Por eso hacer una tarea física de antemano puede ser algo útil para liberar algo de energía reprimida, ansiedad y sensación de agobio. Puede favorecer un estado más relajado.

Veamos ahora algunas actividades divertidas que te ayudarán a conseguirlo.

Niños pequeños

Carretilla

- Deja que tu hijo empiece en posición de flexión de brazos, con las manos en el suelo y las piernas a horcajadas sobre ti.
- Para mayor apoyo, sujétales las caderas.
- Muévete por el suelo mientras utilizan las manos para explorar, recogiendo objetos por el camino; incluso puedes crear una carrera de obstáculos en miniatura.

- A medida que mejore su capacidad, puedes pasar tu apoyo a sus rodillas, luego a sus tobillos, e incluso intentar subir escalones.

Juegos de apretar

- Una gran actividad de resistencia consiste en apretar botellas. Llena de líquido un tubo vacío de pasta de dientes. También puedes utilizar yogur y dejar que tu hijo exprima el contenido. También puedes utilizar una pelota antiestrés.
- Otra opción es coger una bolsa de plástico, hacer un pequeño agujero, rellenarla con sal blanda o plastilina, y dejar que tu hijo apriete pequeñas serpientes.

Estrujado de papel

- Esta actividad también es muy eficaz como calentamiento para dibujar o escribir.
- Utiliza un trozo grande de papel; puedes usar correo basura o un periódico viejo.
- Pide a tu hijo que lo estruje con las dos manos.
- Después, pídeles que utilicen sólo una mano sin presionarla contra ninguna otra parte del cuerpo, como el vientre.
- Después, prepara una diana con una papelera para que lancen el papel estrujado y comprueben si aciertan.

Estos son sólo algunos ejemplos para empezar; otros juegos/actividades que merece la pena investigar y probar son

- masa de sal
- pinzas de la ropa
- tuercas y tornillos
- meditación
- yoga
- ejercicios de relajación como la relajación muscular progresiva
- crea un espacio de enfriamiento/seguro

- un baño o ducha relajante
- ejercicio
- escuchar música
- salir a la naturaleza
- pintura y dibujo
- permitiéndoles hablar

Niños mayores

Jugar con ropa, pinzas y pasta de sal puede no ser adecuado para un niño mayor. Así, debemos cambiar de estrategia para esos momentos emotivos y de arrebatos. Las siguientes microtécnicas son fantásticos atajos para calmar e infundir un poco de calma:

Ejercicio de Atención Plena a los Cinco Sentidos

Nombra lo siguiente:

- Cinco cosas que puedes ver a tu alrededor.
- Algunos sonidos que puedes oír a tu alrededor.
- Cosas que hueles en tu entorno.
- El sabor de boca.
- Las sensaciones físicas que experimentas.

EFT Tapping

Este método requiere dar golpecitos en puntos específicos del cuerpo para reducir el estrés. Puede ser mucho más fácil que la meditación si a tu hijo le cuesta aquietar la mente.

- Identifica el reto o la emoción negativa.
- Valóralo en una escala de 0 a 10, siendo 10 el peor.
- Crea una frase de preparación antes de hacer tapping, como "Incluso con este problema, me acepto completamente". Esto afirmará la autoaceptación.
- Golpea el lateral de la mano con un "golpe de kárate" mientras se repite tres veces la afirmación de preparación.

- A continuación, utiliza dos o tres dedos para golpear cada uno de los puntos siguientes en orden ascendente, golpeando cada punto siete veces:
  - Parte superior de la cabeza
  - Cejas
  - Lado del ojo
  - Debajo del ojo
  - Bajo la nariz
  - Chin
  - Clavícula
  - Bajo el brazo
  - Muñecas
- Después de tocar cada punto, vuelve a evaluar el problema, calificando la intensidad en una escala de 0 a 10.
- Compara los resultados de la reevaluación con los primeros resultados.
- Repite todo el proceso hasta que los resultados de intensidad sean los deseados.
- Concluye con un par de respiraciones profundas y una afirmación positiva.

Risas

La risa es realmente la mejor medicina, ¡aunque la finjas! Anima a tu hijo a encontrar motivos para reírse. Puede ser viendo un par de vídeos graciosos en Internet o intercambiando un par de chistes entre vosotros. Anímales a ahondar conscientemente en el lado más alegre de la vida, sobre todo cuando las cosas parezcan abrumadoras.

Otras opciones que merece la pena considerar son

- Crea una lista de reproducción de música.
- Diseña un tablero de visión.
- Camina descalzo por la hierba.
- Escribe tres cosas por las que estar agradecido.

Éstas son sólo algunas sugerencias; como se suele decir, "Google es tu amigo", así que tómate tu tiempo para explorar todas las opciones disponibles que mejor se adapten a las necesidades de tu hijo.

Fomentar el comportamiento correcto

Criar a un niño con TDAH requerirá cierta creatividad en lo que se refiere a la disciplina. Comprender y emplear distintas estrategias es otra forma de aumentar las posibilidades de éxito de tu escudo.

Exploremos algunas estrategias disciplinarias instrumentales para controlar las conductas desafiantes:

- **Elogia el esfuerzo:** Reconoce las acciones positivas elogiándolas de forma constructiva para motivarlas. Céntrate en comportamientos concretos, como esperar su turno o seguir instrucciones.
- **Atención positiva:** La atención positiva es fundamental para disminuir las conductas de búsqueda de atención, aumentar la eficacia de las consecuencias y fomentar una mayor confianza en sí mismo. El tiempo de juego positivo es una forma excelente de dedicar tiempo individual a frenar las conductas desafiantes.
- **Instrucciones adecuadas:** Proporcionar instrucciones claras y dividir las tareas en pasos más pequeños y manejables facilitará que el niño con TDAH preste toda su atención y facilitará la eficacia de las instrucciones. Céntrate en una tarea cada vez y evita las órdenes en cadena para mejorar el cumplimiento.
- **Ignorar los pequeños comportamientos indebidos:** Ignorar pequeños contratiempos como interrupciones, ruidos fuertes y lloriqueos, por ejemplo, enviará el mensaje de que esas acciones no conducirán a ningún resultado deseado. En lugar de centrarte en el comportamiento negativo, reconoce su necesidad y su intención subyacente.

- **Tiempo fuera:** El tiempo fuera es una herramienta valiosa para ayudar a la autorregulación. En lugar de verlo como algo negativo, renómbralo como "tiempo de silencio" y enséñale a tu hijo que es un momento tranquilo que debe utilizar para calmarse y tranquilizarse para frenar la frustración y el agobio.
- **Consecuencias naturales:** En lugar de repartir castigos a diestro y siniestro, deja espacio para las consecuencias naturales. Os ahorrarán a ti y a tu hijo muchas frustraciones. En su lugar, guarda ese almuerzo que no se ha comido y deja que el hambre sea el maestro, por ejemplo. La próxima vez que coman, se sentirán más motivados para terminar.
- **Sistema de recompensas:** ¡Un sistema de economía de fichas es un ejemplo excelente de enfoque de recompensa para promover comportamientos positivos! Guardando los juguetes o terminando los deberes, por ejemplo, pueden ganar fichas, que luego podrían canjear por una recompensa significativa. Pero no dudes en experimentar con distintos enfoques y ver qué motiva más a tu hijo.
- **Colabora con los profesores:** En algunos casos, pueden ser necesarios ajustes en las tareas escolares, como tiempo extra para los exámenes. Por tanto, trabajar con los educadores para establecer una gestión colaborativa del comportamiento es esencial para mejorar el éxito académico de tu hijo.
- **Utiliza afirmaciones del tipo "cuando" y "entonces":** Si te plantean una de esas inevitables negociaciones para realizar una actividad diferente antes de terminar una tarea, di: "Sí, cuando termines los deberes, entonces podrás jugar una hora". Recuerda que, con los niños más pequeños, es esencial que la actividad gratificante siga después de terminar una tarea.

Asegúrate de que tu hijo entiende correctamente las reglas y, por último, pero no por ello menos importante, el objetivo del juego es el progreso, no la perfección.

ELEMENTO INTERACTIVO

Raven the Science Maven, divulgadora científica estadounidense, bióloga molecular y educadora de STEM, se desenvolvió con éxito en programas para superdotados y de educación especial.

A pesar de enfrentarse a los retos asociados al TDAH, Raven Baxter descubrió y persiguió su pasión por la ciencia y la comunicación. Subraya que el ámbito del descubrimiento científico es un vasto y emocionante campo de juego para las personas con TDAH. Anima a los jóvenes entusiastas a explorar artículos, hacer preguntas y ver documentales intrigantes para canalizar su entusiasmo en contenidos educativos atractivos.

Su hermosa historia es un faro de luz para todos los diagnosticados de TDAH, instándoles a explorar sus instintos e intereses. Trabajando en una investigación doctoral y desarrollando programas científicos para una importante cadena, sigue siendo una firme defensora de buscar ayuda, alinearse con las pasiones personales, explorar la curiosidad y darle una buena oportunidad a la ciencia por sus infinitas posibilidades.

Un esfuerzo de colaboración para mejorar el comportamiento y la terapia son suficientes para ayudar a controlar los síntomas. Sí, en algunos casos puede ser necesaria la medicación. Y esto es lo que exploraremos en el próximo capítulo para asegurarnos de que comprendes exhaustivamente tus opciones.

Libera el poder de la generosidad

 "Solos, podemos hacer muy poco; juntos, podemos hacer mucho". - Helen Keller

En el espíritu del apoyo colectivo y los viajes compartidos, tu experiencia con "Padres de niños con TDAH simplificado" podría iluminar el camino de otros. No se trata sólo de compartir ideas; se trata de construir una comunidad que eleve y capacite a cada miembro, especialmente a los que se sienten perdidos o abrumados.

¿Ayudarías a otro padre en apuros, incluso si nunca conocerlo?

Imagina a un padre, como tú fuiste una vez, buscando respuestas, apoyo y comprensión en el laberinto de la crianza con TDAH. Tu viaje, tus conocimientos y tus ánimos podrían ser el faro que necesitan.

Nuestro libro, "crianza de ninos con TDAH simplificada", nació de la misión de desmitificar la crianza de los hijos con TDAH y fomentar la armonía familiar. Pero nuestro alcance sólo llega tan lejos como nos lleven vuestras voces. Tus opiniones nos ayudan a conectar, educar e inspirar a padres de todo el mundo.

Al compartir tu reseña, no sólo recomiendas un libro, sino que ofreces esperanza y ayuda práctica a los necesitados. He aquí cómo tu reseña puede tener un impacto:

- Apoya a otro padre a encontrar estrategias eficaces para los retos diarios.
- Ofrece un atisbo de comprensión y empatía a alguien que se sienta aislado.
- Anima a una familia a punto de rendirse a perseverar y encontrar nuevas soluciones.

- Comparte una historia de éxito que pueda resonar con la situación de otra persona.

Deja tu huella en menos de un minuto

Dejar una opinión es rápido, pero tiene un valor inmenso. Para contribuir con tu opinión, sigue estos sencillos pasos:

Escanea el código QR que aparece a continuación o haz clic en el enlace para acceder directamente a nuestra sección de opiniones.

Comparte tus pensamientos, experiencias y cómo ha influido el libro en tu trayectoria como padre.

https://www.amazon.com/product-reviews/B0DX8B3BDB

Tu apoyo es inestimable y, juntos, podemos crear olas de cambio positivo. Gracias por considerar este gesto de bondad y por ser una parte fundamental de la fuerza de nuestra comunidad.

Con sincera gratitud, Lucy Marvar

5

EL GRAN DEBATE SOBRE LA MEDICACIÓN

"*Cuidar de ti mismo no significa primero yo, sino también yo*". - L.R. Knost:

Cómo de llena está tu copa? No me refiero a la taza de café en tu mesa, sino a tu bienestar físico y mental. En este sentido, hay una frase clave: "La caridad empieza en casa." Esto significa que, antes de poder cuidar de los demás, debes asegurarte de estar bien tú mismo. Después de todo, ¿cómo podrías dar algo si tu copa está vacía?

Sin embargo, priorizarse a uno mismo no siempre es fácil. Entre la culpa parental, las responsabilidades interminables y la tendencia a ignorar nuestras propias necesidades, el autocuidado a menudo queda en segundo plano. Entonces, ¿cómo podemos llenar nuestra copa y mantenernos en equilibrio?

El autocuidado no es egoísmo, es una necesidad, Cuidarte regularmente no solo mejora tu bienestar, sino que también fortalece tu capacidad para cuidar de los demás. No se trata de un lujo ocasional, sino de una práctica esencial que debe integrarse en la rutina diaria.

Hacer chequeos frecuentes de tu estado emocional y físico te ayuda a prevenir el agotamiento, el estrés y la ansiedad.

Chequeo rápido de tu bienestar. Para evaluar cómo te sientes, puedes hacerte estas preguntas clave:

- ¿Cómo de llena está mi copa en este momento?
- ¿Necesito hacer una pausa para recargar energías?
- ¿Qué actividades me ayudan a sentirme mejor y más equilibrado?
- ¿Qué estrategias puedo implementar para mantener un autocuidado constante?

Ahora, exploremos algunas formas efectivas de mantener tu bienestar y asegurarnos de que tu copa nunca se vacíe.

PAUSA PARA LOS PADRES

No es un hecho innovador que criar a un hijo con cualquier necesidad especial sea agotador. Pero poner tu bienestar en lo más alto de tu lista de cosas por hacer no es un lujo; es una necesidad. Te mereces una buena salud y felicidad generales, que contribuyan a tu excelencia como madre o padre. He aquí algunas prácticas de autocuidado encantadoras y hechas a medida para los padres que crían a un niño con problemas de conducta:

Alimenta tu cuerpo

No hay duda de que los padres que crían a un niño con TDAH suelen tener niveles elevados de cortisol, la hormona del estrés. Por eso, es fundamental buscar formas de reducir estos niveles y proteger tu bienestar.

Para ello, es importante enfocarse en hábitos diarios como: Incorporar actividad física regular. Mantener una dieta equilibrada y nutritiva. Tomar multivitaminas si es necesario.Mantenerse bien hidratado. No necesitas volverte un experto en fitness ni comer como un conejo. Lo importante es adoptar cambios realistas y alcanzables que funcionen con tu estilo de vida. Pequeños pasos consistentes pueden ayudarte a manejar mejor el estrés y evitar sobrecargarte con expectativas poco prácticas.

Servicios de respiro

Otra gran arma contra esos elevados niveles de cortisol es tomarse un tiempo, alejarse de los factores estresantes y relajarse. Esta sencilla práctica reduce significativamente las hormonas nocivas del estrés; incluso dedicar cinco minutos extra por la mañana será un gran punto de partida. Un amigo o familiar de confianza es una opción valiosa si se necesita más tiempo. Alternativamente, puedes investigar y explorar algunos servicios locales de respiro para cuidadores en tu zona.

Celébrate a ti mismo

Date algo de crédito, y sin duda es debido a todo el duro trabajo que realizas diariamente. Haz una lista de al menos cinco logros de los que te sientas orgulloso. Tal vez alcanzaste un hito de aprendizaje con tu hijo, o sabes que te esforzaste al máximo en todas tus tareas. Puede ser cualquier cosa, grande o pequeña; no importa si te felicitas, aprecias y te tomas un tiempo para celebrarlo. Y no seas tímido al respecto; compártelo con tus seres queridos. Esto fomentará la confianza y animará a todos a centrarse en lo positivo, incluso en medio de los retos. ¿Lo mejor de todo? No cuesta ni un céntimo.

Medicamentos estimulantes frente a no estimulantes

El tratamiento del TDAH es multimodal, lo que implica varias técnicas y enfoques simultáneamente. Ya hemos tocado el tema de la terapia, así que profundicemos en el ámbito de la medicación.

En cuanto a la medicación para el TDAH, hay dos categorías: medicación estimulante y medicación no estimulante. El tipo de medicación utilizada depende de factores como los objetivos del tratamiento, los antecedentes médicos, los posibles efectos secundarios y otros medicamentos que se tomen simultáneamente. Tanto los medicamentos estimulantes como los no estimulantes mejoran la concentración y la atención, al tiempo que frenan la impulsividad. Suena prometedor, ¿verdad? Sin embargo, no se trata de un escenario único; una categoría puede superar a otra individualmente. Sus mecanismos de acción, interacciones con otros medicamentos y perfiles de efectos secundarios son las diferencias clave. Los medicamentos estimulantes destacan por su eficacia para el tratamiento de los síntomas, al impedir la degradación y aumentar el nivel de neurotransmisores como la dopamina, la norepinefrina y la serotonina. Los medicamentos no estimulantes, aunque no todos están aprobados por la FDA; por tanto, se utilizan fuera de indicación, también han demostrado ser eficaces en algunos pacientes con TDAH.

Estimulantes

Los medicamentos estimulantes son la primera línea de tratamiento de los síntomas del TDAH, excepto para los niños menores de seis años, que son remitidos a terapeutas conductuales. Estos medicamentos actúan mediante dos mecanismos principales: aumentando la cantidad de neurotransmisores en el cerebro y aliviando la hiperactividad y la inquietud. Todos los estimulantes deben tomarse con la máxima precaución, y deben seguirse las dosis controladas prescritas.

Algunos medicamentos estimulantes son

- Ritalin (metilfenidato) de acción corta
- Concerta (clorhidrato de metilfenidato ER) de acción prolongada
- Adderall (anfetamina/dextroanfetamina) de acción corta
- Adderall XR (anfetamina/dextroanfetamina) de acción prolongada

Los efectos de los medicamentos estimulantes varían; en general, puedes esperar que hagan su magia muy rápidamente, tardando menos de una hora con una duración de tres a cuatro horas. Debido al limitado periodo de eficacia, los pacientes pueden necesitar varias dosis a lo largo del día.

Puedes esperar dos formas diferentes: de acción corta y de acción prolongada.

De acción corta

Los medicamentos estimulantes tienen un inicio rápido, haciendo efecto en la hora siguiente a su administración, con efectos que duran entre tres y cuatro horas. Suelen utilizarse por las mañanas para controlar los síntomas, pero se evitan por las noches, sobre todo en niños en edad escolar.

Acción prolongada

Para los pacientes que necesitan varias dosis de medicación o tienen problemas para acordarse de tomarla, se desarrollaron los medicamentos estimulantes de acción prolongada. Estos medicamentos también tienen un inicio rápido, haciendo efecto en menos de 1 hora pero con una duración de hasta 10 horas.

No estimulantes

Cuando los pacientes no pueden tomar o no se benefician de los medicamentos estimulantes, se prescriben para el TDAH medicamentos no estimulantes, como antidepresivos y antihipertensivos utilizados anteriormente. Los medicamentos no estimulantes hacen magia aumentando los neurotransmisores en el cerebro e inhibiendo su recaptación. Como ya se ha dicho, no se trata de un escenario único con los medicamentos. Aunque los medicamentos no estimulantes funcionan igual que los estimulantes, la diferencia radica en la eficacia con que frenan los síntomas. La gran noticia es que la FDA ha aprobado tres medicamentos no estimulantes diferentes para los adolescentes: guanfacina, atomoxetina y clonidina. Los no estimulantes, como la atomoxetina, también deben tomarse con precaución. Los pacientes que toman antidepresivos o ansiolíticos deben mantenerse alejados para evitar el síndrome serotoninérgico (el síndrome serotoninérgico es una reacción grave a los fármacos provocada por medicamentos que elevan los niveles de serotonina en el organismo, lo que provoca una actividad extrema de las células nerviosas y otros síntomas peligrosos). Además, combinar no estimulantes con estimulantes también es un "no-go" debido al mayor riesgo de síndrome serotoninérgico.

Algunos medicamentos no estimulantes son

- Intuniv (Guanfacina)
- Strattera (Atomoxetina)
- Wellbutrin SR y Wellbutrin XL (Bupropión)

La eficacia de los no estimulantes varía según el medicamento concreto. Por ejemplo, puede tardar semanas con la atomoxetina y hasta un mes con el bupropión en hacer efecto.

Fármacos Más Comunes Recetados para Niños con TDAH

¿Estás pensando en medicar a tu hijo para el TDAH? Lo mejor es saber qué hay en cuanto a riesgos, frecuencia, dosis y cómo funcionan.

Adderall XR (anfetamina/dextroanfetamina)

En octubre de 2022, se informó de una escasez debida en parte a retrasos intermitentes en la fabricación.

- Puede utilizarse de 1 a 3 veces al día como estimulante de liberación prolongada: separa la dosis entre 4 y 6 horas
- Generalmente, es la primera opción de tratamiento para los síntomas del TDAH.

- Se prescribe a niños de 6 a 12 años.
- No se ha estudiado en niños menores de 6 años.
- Sustancia controlada por el gobierno federal que conlleva un riesgo de dependencia.
- Se observó una mejora de los síntomas en el 70% al 80% de los pacientes con TDAH (Advokat & Scheithauer, 2013).
- Se utiliza para mejorar la concentración.
- Se utiliza para reducir la impulsividad.
- Se utiliza para reducir el comportamiento hiperactivo.
- El tamaño del efecto (una medida estadística de la eficacia del tratamiento) es considerable.

Concerta (clorhidrato de metilfenidato ER)

- Se prescribe a niños a partir de 6 años, normalmente una vez al día.
- Un estimulante del sistema nervioso central con sistema de liberación prolongada.
- El medicamento se libera periódicamente gracias a su sistema de administración oral de liberación osmótica controlada (OROS).
- Contiene metilfenidato, el mismo principio activo del Ritalin, pero en el doble de cantidad que éste.
- Se utiliza como tratamiento a largo plazo.
- Se utiliza para reducir la impulsividad.
- Se utiliza para aumentar la concentración y la atención.

Aptensio XR (clorhidrato de metilfenidato) puede tomarse entero o puede abrirse para espolvorearlo en compota de manzana

Daytrana (metilfenidato) es un parche transdérmico.

- Aptensio XR se utiliza a diario: se utiliza como estimulante

- El parche Daytrana se aplica en la zona de la cadera dos horas antes de que haga efecto, pero no más de nueve horas.
- Se prescribe a niños de 6 a 12 años.
- Uso no indicado en menores de seis años.
- No estudiado por la FDA en niños menores de 6 años.
- Ha demostrado ser eficaz y seguro para niños en edad preescolar hasta los tres años.
- Sustancia controlada por el gobierno federal que conlleva un riesgo de dependencia.
- Se utiliza para mejorar la concentración.
- Se utiliza para reducir la impulsividad.
- Se utiliza para reducir el comportamiento hiperactivo.

La cápsula exterior de Aptensio se disuelve, liberando el 22% de la dosis, y tres compartimentos interiores liberan la medicación a intervalos diferentes. Emplea un sistema de administración retroalimentado, que produce niveles sanguíneos crecientes de metilfenidato durante 10 horas, seguidos de un rápido descenso. Disponible en opciones de marca y genéricas, con sólo un genérico de marca idéntico a Concerta. Evita cualquier sustituto de la auténtica alternativa genérica de marca, ya que se consideran inferiores; dos alternativas genéricas han sido rebajadas por la FDA.

Dynavel XR (sulfato de anfetamina)

- Puede utilizarse a diario: 2.5 mg hasta 20 mg aumentados en intervalos de 2.5 mg
- Estimulante de liberación prolongada.
- Se prescribe a niños de 6 a 12 años y adolescentes.
- Puede masticarse o tragarse, o prescribirse como suspensión oral (líquida).
- Útil si a tu hijo no le gusta tragar pastillas
- Sustancia controlada por el gobierno federal que conlleva un riesgo de dependencia.
- Se utiliza para mejorar la concentración y la atención

- Se utiliza para controlar el comportamiento
- Se utiliza para mejorar la capacidad de escucha y la organización

Evekeo /Evekeo ODT (sulfato de anfetamina)

- Un desintegrante oral de liberación inmediata y acción corta.
- Se prescribe a niños de 6 a 17 años y adolescentes.
- Sustancia controlada por el gobierno federal que conlleva un riesgo de dependencia.
- Se utiliza para mejorar la concentración.
- Se utiliza para reducir la impulsividad, la distractibilidad y la emotividad.
- Se utiliza para reducir el comportamiento hiperactivo.
- No se han establecido los efectos a largo plazo de la anfetamina en los niños.

Focalin y Focalin XR (clorhidrato de dexmetilfenidato)

- Un estimulante del sistema nervioso central que se toma una vez al día.
- Contiene el mismo principio activo que el Ritalin y el Daytrana.
- Se prescribe a niños de 6 a 12 años y adolescentes.
- No se ha estudiado en niños menores de 6 años.
- Sustancia controlada por el gobierno federal que conlleva un riesgo de dependencia.
- Se utiliza para mejorar la concentración y la vigilia
- Se utiliza para reducir la impulsividad.
- Se utiliza para reducir el comportamiento hiperactivo.

Intuniv (clorhidrato de guanfacina)

- Una vez al día, no estimulante.
- Se prescribe a niños de 6 a 12 años y adolescentes.
- Uso no indicado para todas las edades.
- No se ha estudiado en niños menores de 6 años.
- No es una sustancia controlada debido al bajo riesgo de abuso o dependencia.
- Se utiliza como monoterapia o para complementar la medicación estimulante.
- Eficaz para tratar los síntomas del TDAH que no se tratan bien con estimulantes.
- Se utiliza para regular mejor la sensibilidad emocional, la hiperactivación, la agresividad social y la sensibilidad al rechazo.

Quillivant XR (hidrocloruro de metilfenidato)

- Es el único metilfenidato líquido de liberación prolongada para el TDAH.
- Contiene el mismo principio activo que Ritalin, Concerta y Aptension.
- Se prescribe a niños de 6 a 12 años y adolescentes.
- No se ha estudiado en niños menores de 6 años.
- Sustancia controlada por el gobierno federal que conlleva un riesgo de dependencia.
- Se utiliza para mejorar la concentración.
- Se utiliza para reducir la impulsividad.
- Se utiliza para reducir el comportamiento hiperactivo.

Ritalin (hidrocloruro de metilfenidato)

- Suele tomarse de 1 a 3 veces al día antes de las comidas, dependiendo de si es de liberación inmediata o prolongada.
- Un estimulante del sistema nervioso central
- El mismo principio activo que Quillivant, Concerta y Daytrana.
- Aprobado por la FDA para niños de 6 a 12 años y adolescentes.
- Sustancia controlada por el gobierno federal que conlleva un riesgo de dependencia.
- Se utiliza para mejorar la concentración.
- Se utiliza para reducir la impulsividad.
- Se utiliza para reducir el comportamiento hiperactivo.

Strarrera (clorhidrato de atomoxetina)

- Puede tomarse una vez al día o dividido en dos dosis.
- Inhibidor selectivo de la recaptación de norepinefrina (IRSN).
- Un medicamento no estimulante.
- Se prescribe a niños de 6 a 12 años y adolescentes.
- No se ha estudiado en niños menores de 6 años.
- No se considera una sustancia controlada por la Agencia Antidroga (DEA).
- Se utiliza para mejorar la concentración.
- Se utiliza para reducir la impulsividad.
- Fue aprobado por la FDA en 2002 como el primer medicamento no estimulante para el TDAH en EE.UU.

Vyvanse (dimesilato de lisdexanfetamina)

- Un medicamento estimulante de liberación prolongada una vez al día.
- Se prescribe a niños de 6 a 12 años y adolescentes.

- No se ha establecido la seguridad para niños menores de 6 años.
- Sustancia controlada por el gobierno federal que conlleva un riesgo de dependencia.
- Se considera una anfetamina, según la FDA.
- Se utiliza para mejorar la concentración.
- Se utiliza para reducir la impulsividad.
- Se utiliza para reducir el comportamiento hiperactivo.
- Está aprobado por la FDA desde 2007 como tratamiento del TDAH.

Es importante tener en cuenta que, aunque estos medicamentos tienen objetivos similares, no funcionan de la misma manera en todos los niños. Los niños con TDAH pueden responder de forma diferente a los distintos medicamentos, por lo que un profesional sanitario puede probar varias opciones para ver cuál funciona mejor para cada niño.

En resumen, los medicamentos para el TDAH, ya sean estimulantes o no estimulantes, están diseñados para ayudar a controlar los síntomas regulando determinados neurotransmisores del cerebro, pero pueden hacerlo mediante mecanismos diferentes y con distintos grados de eficacia para cada niño.

¿Cuáles son los pros y los contras de la medicación para el TDAH?

No se puede discutir que la medicación es una gran ayuda cuando se trata de tratar a niños diagnosticados de TDAH; sin embargo, es esencial entender que no es una cura mágica. Así pues, veamos una encuesta realizada por Consumer Reports sobre los pros y los contras de la medicación para el TDAH, destacando las experiencias de 934 padres (*Pros and Cons of ADHD Medication*, 2010).

Antes de profundizar en los pros y los contras, la encuesta reveló que la friolera del 84% de las familias optó por la medicación y que más de la mitad de los niños encuestados había experimentado con dos o más medicamentos en el transcurso de los últimos tres años.

Ten en cuenta que las conclusiones posteriores se basan en la encuesta de Consumer Reports realizada en 2010 (*Pros y contras de la medicación para el TDAH*, 2010).

Pros

- Se ha demostrado que los medicamentos para el TDAH son eficaces en el 60% al 80% de los niños y adolescentes.
- Las personas a las que se han recetado estos medicamentos han experimentado una mejora de la concentración, del control de los impulsos y una reducción de la hiperactividad.
- Se ha observado una mejora del comportamiento escolar, del comportamiento en casa y del rendimiento académico.
- Los padres a cuyos hijos se les recetaron anfetaminas o metilfenidato informaron de cambios rápidos y positivos.
- Los medicamentos facilitaron un mejor control de los síntomas, lo que repercutió positivamente en el funcionamiento diario.

Contras

- Lamentablemente, no existen pruebas convincentes de que los beneficios de la medicación para el TDAH tengan una eficacia a largo plazo más allá de dos años.
- Tampoco se han evaluado a fondo las consecuencias a largo plazo.
- No existen estudios comparativos concluyentes que determinen qué medicamentos funcionan mejor en circunstancias específicas.
- En raras ocasiones, los medicamentos estimulantes se han asociado a accidentes cerebrovasculares, infartos de

miocardio e incluso muerte súbita. Por tanto, los niños deben ser evaluados para detectar cualquier problema cardiaco subyacente antes de empezar con la medicación.

- Muchos niños medicados pueden incluso no tener TDAH o presentar sólo síntomas leves, debido a la posible naturaleza subjetiva de un diagnóstico de TDAH.
- En realidad, el enfoque más eficaz para tratar el TDAH consiste en más de un enfoque (terapia multimodal), como la medicación combinada con la terapia conductual.
- Aunque la medicación se consideró útil, el 52% de los padres dijeron que volverían a medicar a sus hijos, mientras que el 44% preferiría optar por métodos alternativos.
- Las anfetaminas y los metilfenidatos pueden provocar efectos secundarios, como pérdida de peso, irritabilidad, disminución del apetito, trastornos del sueño y elevación del estado de ánimo/energía, a pesar de sus efectos positivos.
- Los medicamentos no estimulantes, como Straterra, se percibieron como menos eficaces.
- El consumo de sustancias estimulantes controladas puede ser motivo de preocupación y de cuidadosa consideración.

Riesgos y precauciones

Una vez más, superar los retos del TDAH es un viaje único para cada uno. Pero, como puedes ver, por muy útil que sea la medicación, requiere una consideración cuidadosa. En este sentido, el conocimiento es poder. Así pues, centrémonos en los riesgos y precauciones que deben tomarse.

Es fundamental que tu profesional sanitario esté plenamente informado sobre cualquier otra afección médica previa o existente, y los medicamentos estimulantes o la atomoxetina deben evitarse a toda costa si se da alguna de las siguientes afecciones:

- Insuficiencia cardiaca
- Hipertensión / tensión arterial alta

- Problemas cardiacos estructurales
- Problemas de ritmo cardíaco

También es importante que informes a tu médico si se ha dado o se da alguna de las siguientes circunstancias:

- Trastorno bipolar
- Síndrome de Tourette entre los siete y los nueve años.
- Hipertensión
- Anorexia grave
- Psicosis florida
- Taquicardia
- Arritmias

Y lo que es más importante, sin duda debe evitarse "automedicar" a tu hijo. Un profesional debe controlar las dosis y las interacciones entre otros medicamentos que esté tomando tu hijo. No hay una respuesta directa correcta o incorrecta cuando se trata de medicamentos. En última instancia, la decisión dependerá del consejo médico y de lo que sea mejor para el niño.

Tratamientos alternativos para los síntomas del TDAH

Despleguemos las alas y profundicemos aún más, ampliando tus conocimientos sobre el tratamiento del TDAH mediante otras opciones de tratamiento alternativo.

Dormir

No eres ajeno a los beneficios de un sueño saludable y regular, y tengo noticias emocionantes cuando se trata de tu hijo con TDAH. Investigadores del Instituto de Investigación Infantil Murdoch y de la Universidad Deakin realizaron un estudio que reveló resultados notables sobre los beneficios del sueño para los niños con TDAH (Hiscock et al., 2015).

En el estudio se aplicó un programa de dos sesiones que mejoró el sueño de los niños y los síntomas del TDAH, el funcionamiento diario, el comportamiento y ¡la calidad de vida en general! ¿Y lo que es aún mejor? ¡Estos beneficios duraron al menos 12 meses! Esto resalta los beneficios a largo plazo de establecer una rutina de sueño adecuada en niños con TDAH.

Trucos y Consejos

- Establece y mantén una rutina constante a la hora de acostarte.
- Evita las pantallas y las actividades molestas antes de acostarte.
- Optimiza la rutina previa a la hora de dormir con actividades tranquilizadoras como:
  - Lectura
  - Juego tranquilo
  - Masaje
  - Iluminación atenuada
  - Ruido blanco
- Practica diariamente ejercicio físico, respiración mágica y estiramientos de paciencia.
- Consume comidas regulares y saludables que contengan suficientes verduras, alto contenido en fibra y proteínas.
- Garantiza una cantidad adecuada de luz solar.
- Evita los alimentos que contengan aromas y colorantes artificiales, como las bebidas azucaradas, los cereales azucarados para el desayuno y los zumos sin diluir.
- La menta dulce o el té de manzanilla son opciones adecuadas; sin embargo, ten cuidado con las bebidas con cafeína, que se han utilizado para reducir la hiperactividad y la impulsividad en niños con TDAH.
- Aborda cualquier factor que perturbe el sueño, como los ronquidos.

- Pregunta a tu médico sobre la administración de melatonina como potenciador del sueño.

Ejercicio

¡He aquí otra gran noticia! Un estudio reciente ha confirmado las maravillas del ejercicio físico para mejorar el funcionamiento diario en niños con TDAH (Hillman et al., 2014).

En este estudio participaron 221 niños de entre siete y nueve años; a algunos se les exigió que participaran en un programa de actividad física y a otros no. ¿Cuáles fueron los resultados? Pues bastante significativos. Para empezar, demostró que la actividad física mejoraba el control ejecutivo en el cerebro, facilitando la concentración, la memoria de trabajo y la flexibilidad cognitiva. Así pues, mantenerse ocupado y activo supone para tu hijo tener un cuerpo y una mente sanos, lo que conlleva mejoras notables en matemáticas y lectura. Estudios similares respaldan estas conclusiones (Hoza et al., 2014). Por tanto, ¡aquí no hace falta más convencimiento!

Trucos y Consejos

Niños pequeños

Cumplir con un pequeño entrenamiento que libere parte de esa energía reprimida puede ser un reto, sobre todo para los niños más pequeños. Y ni hablar de los meses de invierno, en los que jugar al aire libre es muy limitado. Pero no todo está perdido. Cambia un poco las cosas y participa en algunos entrenamientos en línea con sus personajes favoritos.

Aquí tienes un par de sugerencias que merece la pena investigar:

- Clase de gimnasia Mario con Sweat Kids
- PopSugar Family Fitness Cardio
- Baile Congelado con el Estudio de Baile de Sam Cam

- Minecraft Yoga con Cosmic Kids
- Entrenamiento en interiores: Ejercicio en la jungla
- La oruga muy hambrienta con Cosmic Kids

Niños mayores

¿Qué decir de las mentes hiperactivas e impulsivas de los adolescentes? Ahora añade esas hormonas y los síntomas del TDAH, y tendrás algo parecido a la tormenta perfecta. Sí, la tormenta perfecta, porque su juicio inmaduro y su deseo de experimentación les hacen aún más susceptibles a peligros como la presión de grupo, que podría desembocar en drogadicción y alcoholismo.

Por eso es tan importante para ellos participar en actividades extraescolares. Entre una gran variedad de opciones, aquí tienes un par a tener en cuenta:

- En bicicleta
- Natación
- Artes marciales
- Deportes de equipo
- Exploración
- Arte
- Música
- Drama
- Cuentacuentos
- Juegos de mesa

Dieta

Antes de empezar con esta sección, es importante señalar que la conexión entre la dieta y los síntomas del TDAH sigue sin ser concluyente. No es ninguna novedad que una alimentación sana equivale a un cuerpo y una mente sanos. Sin embargo, no hay pruebas concretas que apunten a que alimentos específicos influyan en los síntomas del TDAH.

Tomemos la dieta occidental, por ejemplo; todos sabemos que no es exactamente la más sana que existe debido a su alto contenido en azúcar y grasa. Además, se han relacionado los mayores índices de TDAH con la dieta occidental. Sin embargo, no se ha descartado como causa del TDAH (Howard et al., 2010).

Consideremos los aditivos alimentarios, que a menudo se sugieren para reducir los síntomas: una vez más, carecen de pruebas sólidas que respalden su eficacia. El azúcar es otro ejemplo; sí, intensifica moderadamente los síntomas del TDAH, pero no causa el TDAH (Jones et al., 1995). Es un delicado acto de equilibrio, ya que los suplementos, como la vitamina B, los omega-3, el zinc, el hierro y el magnesio, plantean su propio riesgo cuando se administran en exceso, pero pueden ser beneficiosos para aliviar los síntomas del TDAH en niños deficientes (Nigg y Holton, 2014). Hablando de complicar las cosas: los efectos de la medicación para el TDAH pueden suprimir el apetito, lo que conlleva más desafíos.

¿Pero qué pasa con las hierbas?

Desgraciadamente, no hay muchos estudios que puedan avalar la eficacia de los tratamientos a base de hierbas cuando se trata del TDAH. Algunas hierbas, como la corteza de pino y el Brahmi, se han mostrado prometedoras, pero no son concluyentes (Sarris et al., 2011). Exploremos seis de las hierbas más populares utilizadas en el contexto del TDAH.

Hierbas

- **Ginkgo biloba:** Algunas personas afirman haber experimentado una mejora de los síntomas del TDAH. Pero procede con precaución debido a las posibles interacciones con otros medicamentos.
- **Avena verde:** Los estudios sugieren que existe potencial para mejorar la atención y la concentración (Berry et al., 2011).
- **Brahmi:** Un estudio reveló que Brahmi afectaba

positivamente a los síntomas en el 85% de los niños implicados (Dave et al., 2014).

- **Ginseng:** Un estudio realizado en 2011 con niños descubrió mejoras en la ansiedad, la personalidad y el funcionamiento social (Lee et al., 2011). Otro estudio realizado en 2020 con niños descubrió que, cuando se combinaba con omega-3, se producían mejoras significativas en la memoria y la atención (Lee et al., 2020).

- **Extracto de corteza de pino:** Un estudio realizado en 2006 en niños mostró una reducción de la hiperactividad y una mejora de la concentración y la atención (Trebatická et al., 2006). Otros estudios realizados en niños con extracto de corteza de pino indicaron una normalización de los niveles de antioxidantes (Dvořáková et al., 2006). Redujeron la impulsividad y la hiperactividad (Hsu et al., 2021).

- **Infusiones de hierbas:** Las infusiones de manzanilla, hierba limón y menta verde se consideran seguras y suelen utilizarse para mejorar el sueño y favorecer la relajación.

Habla de opciones. Aunque es estupendo tener todo esto a tu disposición, consulta siempre a tu profesional sanitario y a otros especialistas para obtener asesoramiento y orientación fiables. Esto es especialmente importante al considerar los medicamentos a base de plantas, ya que la FDA no los regula. Ninguna de estas opciones debe sustituir nunca al tratamiento médico.

ELEMENTO INTERACTIVO

Scott Kelly fue el primer estadounidense en pasar 340 días en el espacio, ¡de la Tierra al espacio! ¿Y lo que es más? Es sorprendente, teniendo en cuenta que Scott se enfrentó a importantes problemas de atención cuando era niño.

Lo que empeoró aún más las cosas para Scott es el hecho de que nació antes de que se reconociera oficialmente el TDAH, lo que provocó mucha confusión y malentendidos en lo referente a su incapacidad para prestar atención. Durante la universidad, se topó con la obra de Tom Wolfe The Right Stuff, que despertó su interés por convertirse en astronauta. Y, como suele decirse, ¡el resto fue historia! A pesar de sus dificultades de aprendizaje, Scott se licenció en ingeniería, se hizo piloto de la Marina y completó cuatro misiones espaciales con la NASA. Ahora, jubilado, recoge sus experiencias en sus memorias, *Endurance: Mi año en el espacio y nuestro viaje a Marte.*

Scott es un ejemplo vivo de cómo se pueden superar los retos mediante la perseverancia y el apoyo adecuado, demostrando que todos podemos descubrir nuestras pasiones, independientemente de nuestros diversos caminos hacia el éxito.

Cuando se trata de niños con TDAH, ¡la constancia es la clave y el rey! El próximo capítulo explorará formas sencillas de iniciar una vida escolar más productiva y agradable.

6

PROSPERAR EN LA ESCUELA

La ansiedad no vacía el mañana de sus penas, sino que sólo vacía el hoy de su fuerza. - Charles Spurgeon

El otro día me di cuenta de que ser padre se parece a vivir en una fraternidad. Desafíos para dormir, numerosas roturas, una pizca de política: ¡la paternidad es un "deporte" extremo!

Todos podemos asociarnos con el caos, esos días en los que la ansiedad y el agotamiento se ciernen con tanta fuerza que es más fácil prescindir de tus cuerdas vocales y abrir el envoltorio de un caramelo en lugar de llamar a tus hijos para llamar su atención. Es mucho con lo que lidiar; puede ser abrumador y, a menudo, nos sentimos obligados a seguir adelante. Puede que ése no sea siempre el mejor remedio; considera la relajación muscular progresiva.

La PMR es una hermosa técnica de la que fue pionero en 1930 el Dr. Edmund Jacobson para ayudar a reducir la ansiedad. Y, sin duda, ¡estaremos eternamente agradecidos al Dr. Jacobson! Esta poderosa técnica consiste en alternar entre relajación y tensión en los principales grupos musculares. Esto te ayuda a distinguir mejor entre un músculo tenso o relajado, lo que te permite controlar tu respuesta de ansiedad.

Exploremos más a fondo esta valiosa herramienta y veamos cómo perfeccionarla en tu beneficio.

PAUSA PARA LOS PADRES

He aquí otra guía paso a paso que puedes añadir a tu caja de herramientas para controlar el estrés y que mejorará tu bienestar general a largo plazo. La PMR es beneficiosa para aliviar la ansiedad, el estrés, la tensión muscular, el dolor de cuello, las migrañas, el dolor lumbar e incluso la tensión arterial alta.

Qué hacer:

- Busca un lugar tranquilo, sin distracciones.
- Puedes tumbarte o sentarte en una posición cómoda.
- Coloca las manos sobre el regazo o los brazos de una silla.
- Respira lenta y uniformemente durante todo el ejercicio.
- A continuación, te centrarás en zonas concretas de tu cuerpo mientras mantienes el resto relajado.

Empieza por:

- **Frente:** Aprieta los músculos de la frente durante 15 segundos, luego libera lentamente la tensión mientras cuentas durante 30 segundos.
- **Mandíbula:** De nuevo, aprieta los músculos de la mandíbula durante 15 segundos, luego libera lentamente la tensión mientras cuentas durante 30 segundos.
- **Cuello y hombros:** Levanta los hombros hacia las orejas, mantenlos así durante 15 segundos y luego suéltalos lentamente mientras cuentas 30 segundos.
- **Manos y brazos:** Aprieta las manos en puños y llévalas hacia el pecho, apretando todo lo que puedas. Mantenlo así

durante 15 segundos, luego suéltalo lentamente mientras cuentas 30 segundos.

- **Glúteos:** Aprieta los glúteos para aumentar la tensión durante 15 segundos, luego suéltalos lentamente durante 30 segundos.
- **Piernas:** Aumenta la tensión en las pantorrillas y los cuádriceps durante 15 segundos, luego suéltalos lentamente durante 30 segundos.
- **Pies:** Aumenta la tensión en los pies y los dedos de los pies durante 15 segundos, y luego suéltalos lentamente durante 30 segundos.

¿Qué formas de apoyo pueden proporcionar las escuelas?

A todos nos vendría bien un poco de apoyo adicional cuando se trata de criar a un hijo con TDAH y de desenvolvernos en el sistema escolar. Y menos mal que tenemos opciones.

Para satisfacer las necesidades individuales de los niños con TDAH, las escuelas pueden adaptar la gestión conductual del aula, la formación organizativa, los servicios de educación especial o las adaptaciones para ayudar a aliviar el impacto del TDAH en su aprendizaje.

¿Has oído hablar alguna vez de un Programa Educativo Individualizado (PEI)? Es un plan personalizado establecido en virtud de la Ley de Educación de Personas con Discapacidad (IDEA) para los alumnos que reúnen los requisitos necesarios en centros públicos y concertados. Sin embargo, en lo que respecta al apoyo escolar, recuerda que variará de un país a otro. Aun así, en la mayoría de los casos, el PEI es estándar. Este plan especialmente desarrollado facilita los puntos fuertes y los retos individuales de los alumnos, incorporando instrucciones, servicios y sistemas de apoyo de educación especial. Las evaluaciones determinarán las necesidades específicas del alumno para tener derecho a un PEI, garantizando el mejor apoyo para su aprendizaje y desarrollo. Lo mejor de tener un PEI es su protección legal, que incluye derechos específicos en asuntos disciplinarios escolares y derechos de los padres a participar activamente en las decisiones educativas.

La gestión del aula pretende fomentar comportamientos positivos mediante la aplicación de sistemas de recompensa, la promoción de comportamientos constructivos y el uso de boletines de notas. Por otro lado, la formación organizativa se centra en enseñar habilidades como la planificación, la organización, la gestión del tiempo y la reducción de distracciones para optimizar el aprendizaje. Luego tenemos la "artillería pesada", los servicios y adaptaciones de educación especial regidos por leyes como la Ley de Educación de Personas con Discapacidad (IDEA) y el artículo 504 de la Ley de Rehabilitación de 1973. Los servicios de educación especial individualizados los proporciona IDEA. Al mismo tiempo, la Sección 504 ofrece un Plan 504, que introduce alteraciones y servicios en el entorno de aprendizaje.

Ahora bien, ¿cuál es la principal diferencia entre los PEI y los planes 504? Los IEP se centran en los servicios individualizados de educación especial, y los planes 504 introducen cambios y servicios en un entorno de aprendizaje para garantizar que se satisfacen las necesidades del niño para un aprendizaje óptimo. Los padres suelen descubrir que hay más servicios disponibles a través de un PEI que de un Plan 504. Aparte de este aspecto digno de mención, existen similitudes entre los PEI y los planes 504 en las adaptaciones que proporcionan, entre las que se incluyen las siguientes:

- Tareas a medida
- Instrucciones a medida
- Tiempo de prueba adicional
- Uso de la tecnología para las tareas
- Pausas adicionales
- Ayuda en la organización
- Refuerzo positivo
- Cambios ambientales para reducir las distracciones

Mejora de la comunicación entre padres y profesores

¡Claro que quieres a tu hijo! Y, por supuesto, abogarás por él para ayudarle a afrontar los retos de la vida con mayor resiliencia.

La frustración derivada de la falta de comunicación es siempre evidente entre padres, profesores y niños que padecen TDAH. A pesar de los esfuerzos de los profesores, no siempre tienen un conocimiento exhaustivo de cómo apoyar y motivar eficazmente a un niño con TDAH. Esto hace que la defensa sea una herramienta vital para salvar numerosas distancias, garantizando las mejores posibilidades de éxito para los niños con TDAH en los entornos educativos. Como los niños con TDAH suelen presentar síntomas de impulsividad y falta de atención, que ponen en peligro su seguridad, abogar por tu hijo también garantiza su seguridad física.

Veamos algunas consideraciones clave a tener en cuenta para defender a tu hijo con eficacia.

Trucos y Consejos

- Comprender cómo afecta el diagnóstico de tu hijo a su educación e identificar medidas de mejora.
- Familiarízate a fondo con el PEI de tu hijo. No dudes en hacer preguntas para obtener más claridad y resolver tus dudas.
- Participa activamente en la elaboración del PEI o del Plan 504 de tu hijo.
- Comprende tus derechos y los de tu hijo.
- Mantén una comunicación abierta con los profesores de tu hijo.
- Obtén siempre documentación escrita, informes y registros de los educadores, administradores y otros profesionales que se ocupen de tu hijo.
- Planifícalo de antemano con los profesores, estableciendo los horarios que mejor convengan a todas las partes implicadas para las reuniones.

- Establece objetivos realistas en colaboración con tu hijo y los profesores para alcanzar hitos de aprendizaje específicos.
- Escucha atentamente las opiniones de los educadores. Puede que no siempre sea fácil, pero se trata de ser consciente de los retos y encontrar soluciones adecuadas.
- Comparte con los educadores toda la información posible sobre tu hijo, incluidos los tratamientos médicos, para comprender mejor sus dificultades y fomentar el intercambio recíproco.
- Comprueba regularmente cómo está tu hijo y pregúntale por sus experiencias en clase y en el patio.
- Asume siempre una intención positiva para fomentar el respeto y la comprensión mutuos que beneficiarán a tu hijo.
- Recuerda que los educadores se enfrentan a sus propios retos cuando trabajan con muchos niños; puede aparecer la frustración, algo que incluso nos ocurre a los padres.
- Mantén la calma, no te tomes las cosas como algo personal e intenta no señalar con el dedo ni expresar enfado. En lugar de eso, céntrate en buscar soluciones.
- Expresa siempre gratitud y reconocimiento a los educadores por sus esfuerzos.
- Asegúrate de que los profesores entienden que ayudar a un alumno con TDAH es un trabajo en curso. No hay soluciones ni curas rápidas.
- Pide ayuda y consejo cuando lo necesites. No estás solo en este viaje; muchos han conseguido recorrerlo con éxito. ¡Tú también puedes!

Gestión del Tiempo: Una habilidad vital para todos

No es ningún enigma que la planificación y la gestión del tiempo sean algunos de los retos más notables para los niños con TDAH, que repercuten negativamente en su productividad en varios aspectos. Pero no olvides que, con TDAH o sin él, siguen siendo niños, y la planificación no es precisamente su fuerte.

Curiosamente, una revisión de 2019 descubrió que podría existir una conexión entre la percepción del tiempo y el TDAH. Sin embargo, esto no afecta a todas las personas con TDAH (Ptacek et al., 2019). Entonces, ¿qué significan en la práctica los problemas de gestión del tiempo?

Las personas que tienen problemas con la gestión del tiempo pueden tener dificultades para predecir la duración de las tareas, secuenciar rápidamente los acontecimientos, recuperar información basada en el tiempo de la memoria de trabajo y estimar el paso del tiempo. Como padres, ¿qué podemos hacer para ayudarles a mejorar sus habilidades de gestión del tiempo?

Te sorprenderá ver lo sencillas y eficaces que son estas estrategias si las sigues a rajatabla.

Listas de tareas diarias

Haz un esfuerzo de colaboración y crea una lista diaria de tareas en la que tú y tu hijo programén los horarios de las comidas, las tareas domésticas, los deberes y otras actividades. Asegúrate de hablar del tiempo estimado para cada tarea para agilizar el cumplimiento de estas rutinas. Merece la pena utilizar un Planificador para Niños con TDAH para potenciar la organización y la productividad.

Horarios semanales

Del mismo modo, crea un horario al principio de cada semana, que abarque todo lo que se requiere de tu hijo. Una rutina bien definida es una forma estupenda de frenar la sensación de agobio. Empieza por el principio y bloquea el tiempo para todo lo que tienen que hacer, desde despertarse hasta acostarse. Y asegúrate de dedicar tiempo a los descansos.

Organizar los espacios de trabajo

Un espacio de trabajo desordenado puede dificultar que tu hijo mantenga la concentración. Así pues, elimina las distracciones y ayúdale a poner un poco de orden con carpetas codificadas por colores, organizadores y un par de cubos de almacenaje. Asegúrate de incorporar la organización del espacio de trabajo como una tarea de mantenimiento programada.

Estimación de la capacidad de atención

Subestimar el tiempo que se tarda en completar las tareas es algo general en los jóvenes con TDAH. Las listas de tareas y los horarios son estupendos. Sin embargo, sería útil que hicieras que tu hijo documentara el tiempo estimado y real de cada tarea. Esta práctica fomenta una mejor comprensión de los conceptos temporales. Intervén y ayúdale a llevar la cuenta. Si las discrepancias entre estimación y duración son drásticas, coméntalas con tu hijo, explorando posibles razones/distracciones y soluciones.

Restricciones temporales

Los niños son niños, y es posible que el tiempo asignado no se utilice para los fines previstos. Puedes combatirlo fijando horas de inicio y fin para cada tarea. Puedes añadir diversión y convertirlo en un juego, recompensándoles si completan la tarea antes de que se agote el temporizador.

Ayúdales a comprender mejor su TDAH

Cuanto mejor entienda tu hijo sus síntomas de TDAH, mejor podrá gestionarlos. Asegúrate de que dispone de suficiente información, herramientas y estrategias que le permitan reconocer sus desencadenantes y comportamientos.

Aplicaciones de gestión del tiempo

Autocontrol, tiempo, juegos, distracciones... La lista continúa. Los jóvenes con TDAH necesitan mucha ayuda para gestionar el tiempo.

Aprovecha las maravillas de la tecnología moderna y utiliza algunas de las siguientes aplicaciones como ayuda:

- Todoist
- Temporizador Happy Kids
- RescueTime
- TIEMPO LIBRE
- El cronómetro de bombas

La Técnica Pomodoro

La técnica Pomodoro no es una "salsa" cualquiera; de hecho, es una estrategia muy eficaz para las personas con TDAH. Consistente en una breve ráfaga de trabajo seguida de una pausa, la técnica Pomodoro reduce el agobio. Ayuda a gestionar el tiempo dedicado a una tarea.

Generalmente, la técnica consiste en 25 minutos de trabajo, seguidos de una pausa de 5 minutos; esto equivale a un Pomodoro. Después de siete Pomodoros, se hace una pausa más prolongada. Una vez más, no se trata de un escenario único para todos. Con los niños con TDAH, habrá que probar y equivocarse en función de su capacidad de atención. Esta técnica beneficia a las personas con dificultades de atención, ya que divide las tareas en secciones más pequeñas y manejables, haciéndolas mucho menos desalentadoras. El agobio y la hiperfocalización se frenan mediante los límites de tiempo especificados, lo que ayuda significativamente a prevenir el agotamiento.

Es como encontrar ese punto dulce entre productividad y concentración. Además, los estudios han demostrado que los estudiantes que ponen en práctica la técnica Pomodoro muestran mejores habilidades de gestión del tiempo (Kreider et al., 2019).

Trucos y Consejos

Profundicemos en algunos consejos y trucos adicionales que contribuirán a un funcionamiento familiar sin problemas.

- **Haz que cuente:** Cada minuto malgastado en el trabajo te hace perder tiempo con tu familia. Apriétate el cinturón y haz el trabajo, evitando llevarte trabajo a casa e invadir tu valioso tiempo familiar.
- **Planifica con antelación:** Planifica tus semanas con antelación para asegurarte de que todos los requisitos están programados y se cumplen. Colócalo donde todos puedan verlo y comprender lo que se espera y está ocurriendo.
- **Tiempo de descanso:** Programa algo de tiempo personal para salir y relajarte. Es una forma de autocuidado que te ayudará a mantener la "copa llena".
- **Comunícate:** Dedica tiempo a reuniones familiares periódicas, fomentando la comunicación mediante conversaciones o actividades compartidas.
- **Delega:** Asigna responsabilidades a tus hijos para inculcarles el sentido de la responsabilidad. Esto no sólo ayudará a aligerar la carga, sino que también ahorrará mucha energía gastada en el hábito reactivo de la instrucción. No es una cura mágica, y la orientación siempre será necesaria.
- **Pídeles que se tomen un tiempo:** Pídeles que limpien su habitación dentro de diez minutos en vez de inmediatamente. Poner un margen de tiempo a una petición aumenta las probabilidades de que se haga porque eliminas la inmediatez.
- **Puntos de anclaje:** Ya se trate de una comida o de hacer un par de tareas juntos, establece algunos puntos de anclaje al menos una vez a la semana para ayudar a mantener a todos con los pies en la tierra en medio del caos de la vida.

- **Anota las cosas:** Evita confiar sólo en la memoria. Libera espacio mental y anota las cosas para seguirlas mejor, ya sean pensamientos o tareas.
- **Externaliza:** El tiempo es valioso, y tu energía también. Considera la posibilidad de externalizar tareas específicas, como contratar ayuda adicional para las tareas domésticas.
- **Planifica las comidas:** Involucra a todos y crea un menú semanal. Así ahorrarás tiempo en hacer la compra, planificar, preparar, limpiar y atender peticiones improvisadas.
- **Limita el tiempo de pantalla:** Limita el tiempo de pantalla utilizando un temporizador y avisos de amortiguación.
- **Caja de tiempo:** Establece límites de tiempo en todas las actividades para ayudar a gestionar eficazmente las tareas menos deseables, como los quehaceres.

Consejos adicionales para ayudar a los niños con las tareas escolares

Muéstrame un niño que disfrute de verdad con los deberes: encontrar un par de dientes de gallina será más fácil. Sin embargo, para los niños con TDAH, los deberes pueden ser una tortura adicional. Lo que a otros niños les lleva un par de minutos, a un niño con TDAH puede consumirle un par de horas.

Pues bien, la buena noticia es que los deberes no tienen por qué arruinar el día de tu hijo ni, para el caso, el de ningún padre, porque algunas estrategias estupendas te ayudarán a hacerlos.

- **Crea un lugar para hacer los deberes:** Establece un lugar dedicado, libre de distracciones, donde se puedan hacer los deberes. Lo ideal es que el asiento esté orientado hacia una pared. Considera también la posibilidad de utilizar un ventilador o reproducir ruido blanco para ahogar cualquier distracción adicional.
- **Divide las tareas:** Dividir el tiempo de estudio en minitareas más pequeñas, según la técnica Pomodoro, por ejemplo, es

una forma estupenda de mejorar la concentración y mantener la motivación.

- **Sigue un horario:** Dado que la gestión del tiempo es un reto para los niños con TDAH, un horario vale su peso en oro para solucionar este problema y ayudarles a seguir por el buen camino. Utiliza un temporizador o aplicaciones que te ayuden a establecer plazos y fechas límite.

- **Estudiar frente a la medicación:** La medicación para el TDAH puede facilitar el estudio mientras sigue haciendo efecto. Por tanto, es mejor sincronizar las horas de medicación con las sesiones de estudio.

- **Motiva:** Anima siempre a tu hijo recompensándole por el trabajo bien hecho.

- **Lleva la cuenta:** A los niños se les olvida todo, incluso entregar los deberes. Por eso, implanta un pequeño sistema de carpetas para los deberes nuevos y los terminados, para llevar mejor la cuenta de las responsabilidades académicas.

- **Sé proactivo:** Todos necesitamos a veces un plan alternativo, y cuando se trata del TDAH, las fechas de entrega y las tareas escolares, las cosas se olvidan, se pierden o se malinterpretan rápidamente. Ponte regularmente en contacto y comunícate con el profesor de tu hijo sobre las próximas tareas o expectativas.

- **Busca un tutor:** Nadie es perfecto, y no pasa nada si te resulta difícil ayudar con las tareas escolares. Busca a alguien que pueda hacerlo, como un profesor particular o un estudiante de secundaria, siempre que satisfaga las necesidades de tu hijo.

Trucos y Consejos

Aquí tienes algunos consejos y trucos adicionales que merece la pena probar cuando te enfrentes a los deberes:

- **Estate presente:** Respeta la intimidad, pero haz saber que estás ahí para apoyar. Realiza comprobaciones periódicas para hablar de los progresos y preguntar si se necesita ayuda adicional.
- **Fomenta el movimiento:** Aumenta el estado de alerta mental fomentando la actividad física. Puede ser cualquier cosa, desde un paseo rápido hasta un rato de juego.
- **Hazlo divertido:** Dale sabor a las cosas creando juegos en torno a las tareas, incorporando elementos divertidos, como sistemas de recompensa que se activan cuando las tareas se completan en un tiempo determinado.
- **Finalización, no perfección:** Fomenta la finalización, dejando la evaluación de la calidad del trabajo al profesor. Siempre puedes responder a los comentarios del profesor para realizar los ajustes necesarios.
- **Fomenta la resolución de problemas:** Sí, la frustración se hace real, pero en lugar de impacientarte y hacer el trabajo por ellos, permíteles que lo resuelvan a fuego lento. Esto les animará a explorar mediante la investigación y a mejorar su capacidad de resolución de problemas.

ELEMENTO INTERACTIVO

Aparte de sus importantes logros, como ser pionero en el primer dibujo animado con sonido sincronizado, *Steamboat Willie*, y la siempre popular *Blancanieves y los Siete Enanitos*, el legendario Walt Disney tuvo que lidiar con una serie de luchas bastante profundas: la dislexia y el TDAH.

Aunque estos rasgos conllevan toda una lista de retos, Walt aprovechó con éxito algunos aspectos notables del TDAH, ¡como la sensibilidad y la creatividad! Unirse a la Cruz Roja fue una de sus pasiones, lo que le ayudó a reorientar su enfoque y a hacer contribuciones polifacéticas al mundo. Y no acaba aquí; se enfrentó a sus problemas de aprendizaje y asistió a clases nocturnas para artistas, perfeccionando sus habilidades y llevándole a un gran éxito. Qué icono, conocido no sólo por sus logros, sino también por su naturaleza compasiva, trascendió sus discapacidades.

Utilizando sus retos como peldaños para forjarse una vida próspera, Walt demostró que el TDAH, en realidad, no es un contratiempo. En cambio, es más parecido a una caja de herramientas mágica llena de herramientas únicas, lista para ser desbloqueada y aprovechada para lograr cosas extraordinarias.

Todos los aspectos que hemos tratado hasta ahora van a tener un impacto positivo en tu familia. Sin embargo, quedan algunas estrategias adicionales para fomentar unas relaciones más sólidas dentro del hogar, que trataremos en el capítulo siguiente. ¡Sigamos adelante!

7

FELICIDAD PARA TODA LA FAMILIA

 "Estés donde estés, sé totalmente allí". - Eckhart Tolle

Si estás experimentando un ligero ataque de depresión, lo más probable es que estés viviendo en el pasado. Si te sientes algo ansioso, es probable que estés preocupado por el futuro. Ahora bien, ¿qué sugiere todo esto? Es relativamente sencillo: el mejor lugar para estar es ahora.

La realidad es que no puedes cambiar el pasado; sólo puedes aprender de él. Y el único momento en que puedes hacer algo sobre el futuro es en el presente. Preocuparse por el futuro no es, desde luego, un paso proactivo que provoque cambios significativos, como tampoco lo es morar en el pasado. Sin embargo, escapar de estos sentimientos de temor suele ser un reto, pero es totalmente factible con un poco de atención plena.

La atención plena es un estado mental centrado en el momento presente. No está encadenado por preocupaciones pasadas o especulaciones futuras. Es una conciencia de pensamientos, sensaciones, emociones y acciones sin crítica ni juicio. La atención plena es mágica para el bienestar mental y emocional, pues fomenta una sensación de conexión emocional y concentración y reduce el estrés y la ansiedad. Otros beneficios de incorporar regularmente prácticas de atención plena a tu rutina diaria son la mejora del sueño y la disminución del riesgo de padecer problemas crónicos de salud.

¿Te gustaría aprovechar esta reserva mágica y probarla?

PAUSA PARA PADRES

Practicar la atención plena lleva poco tiempo, y no tienes que ser un yogui experto. Puedes practicar la atención plena en cualquier momento y lugar. Y cuando digo eso, ¡lo digo en serio! En el tren, en el autobús, en el trabajo o a primera hora de la mañana: sólo hacen falta cinco minutos.

Exploración corporal:

¿Cómo conectas con tus emociones desde dentro? Con una exploración corporal rápida y directa.

- Busca un lugar cómodo en el suelo y túmbate boca arriba con las palmas de las manos hacia arriba.
- Respira hondo unas cuantas veces.
- Empieza a escanear mentalmente tu cuerpo, empezando por la cabeza y moviéndote hacia los dedos de los pies, o viceversa.
- Asegúrate de centrarte en una parte del cuerpo cada vez.
- Para cada parte del cuerpo, hazte las siguientes preguntas:
  - ¿Me siento dolorido o tenso?
  - ¿Siento alguna molestia?
  - ¿Han remitido las molestias previas?
  - ¿Siento mi cuerpo inusualmente caliente o frío, teniendo en cuenta el tiempo que hace?
  - Cuando hayas completado la exploración de todo el cuerpo, incorpórate lentamente y tómate un momento para reflexionar.

○ Si algún aspecto te llama la atención durante tu experiencia, anótalo para reflexionar más tarde.

El sonido del silencio

El caos inevitable de la vida cotidiana puede absorbernos por completo, pero el **silencio** es una poderosa herramienta a nuestro alcance. Se trata de una práctica de atención plena que favorece la autoconexión, ayuda a conservar energía y mejora la memoria.

Cómo practicar el silencio como herramienta de bienestar:

1. Encuentra un lugar tranquilo, libre de distracciones.
2. Siéntate cómodamente y relájate.
3. Puedes fijar la vista en un punto focal si te ayuda a concentrarte.
4. Permite que tus pensamientos fluyan sin juzgarlos; simplemente sumérgete en el silencio.
5. Después de cinco minutos, levántate lentamente y realiza un ligero estiramiento.

Dedicar unos minutos al silencio cada día puede ser una forma sencilla pero efectiva de recuperar la calma y fortalecer tu bienestar.

Elige un color

El mundo es un lienzo salpicado de un espectro de colores, cada uno de ellos portador de significados y sentimientos nostálgicos para cada individuo. Algunos colores pueden hacerte feliz, otros emocionarte; es una experiencia hecha a medida.

- Elige un color y ponle un nombre.
- Piensa o di en voz alta cuántas cosas puedes encontrar que compartan este color. Amarillo, por ejemplo, serían los plátanos, los limones, etc.

- A continuación, reflexiona sobre cómo te hace sentir el color.
- ¿Te gusta este color?
- ¿Por qué sí o por qué no?
- ¿Te gustan los objetos asociados a este color?
- ¿Por qué sí o por qué no?

La inteligencia emocional y su impacto en el TDAH

¿IE y CE? No, no es un acrónimo de nuevas tecnologías; se refiere a la inteligencia emocional o cociente emocional. Es nuestra capacidad de percibir, interpretar, demostrar, controlar, evaluar y expresar emociones para una comunicación eficaz y constructiva con los demás.

Todos sabemos lo importante que es dominar esta habilidad. Expresar y controlar eficazmente nuestras emociones es esencial para navegar con éxito por este mundo. Sin embargo, reconocer, interpretar y responder a los sentimientos de los demás es igualmente importante. La IE consta de cuatro niveles diferentes de inteligencia emocional. Veamos estos cuatro niveles por orden de complejidad. Empezando por los procesos más avanzados, que implican una mayor implicación consciente y la regulación de las emociones, y terminando por los básicos, que incluyen percibir y expresar emociones.

- **Percibir las emociones:** Para comprender nuestros sentimientos, en primer lugar, necesitamos percibirlos con precisión, lo que también implica comprender las señales no verbales, incluidas las expresiones faciales y el lenguaje corporal.
- **Razonar con las emociones:** Utilizamos las emociones para desencadenar nuestro pensamiento y actividad cognitiva en el paso dos. Las cosas que captan nuestra atención provocan una respuesta emocional, y esto se debe a que nuestros

sentimientos priorizan aquello a lo que prestamos atención y aquello ante lo que reaccionamos.

- **Comprender las emociones:** Siempre debemos determinar por qué alguien se siente de determinada manera, porque las emociones tienen diferentes motivos. Por ejemplo, si tu compañero de trabajo está enfadado, tal vez tú hayas sido el desencadenante, o tiene problemas en casa.
- **Gestionar las emociones:** Una gran parte de la inteligencia emocional reside en cómo manejas los sentimientos, lo que implica un control y una reacción eficaces sobre los tuyos y la comprensión de los de los demás.

Pasan muchas cosas cuando se trata del procesamiento emocional y la IE. Además, hay que tomar conciencia de estos procesos internos. ¡Oh, las complejidades de las emociones! Esto resulta mucho más difícil para las personas con TDAH debido a sus efectos adversos sobre el funcionamiento ejecutivo. Esto dificulta la conciencia y la inteligencia emocional, sobre todo en lo que se refiere a ser consciente y regular los pensamientos y las acciones.

¿Cómo es tu inteligencia emocional?

Ah, las muchas batallas a las que nos enfrentamos los padres. La semana pasada triunfó la mantequilla de cacahuete y la mermelada, pero esta semana es la crema de chocolate. Nadie te lo dijo; ¡sólo te enteraste después de servir el bocadillo!

Estas batallas no pueden librarse únicamente con la lógica y la razón. Te ayudaría tener un poco de magia añadida en forma de conciencia y empatía. La gestión de las emociones y la conciencia emocional son un excelente punto de partida. Si puedes comprender bien estos fundamentos, ¡pasarás a la crianza emocionalmente inteligente! Esto es oro puro, pues fomenta un desarrollo emocional sano en los niños.

¿Qué hacen exactamente los padres emocionalmente inteligentes?

- **El autocuidado:** Las personas emocionalmente inteligentes comprenden que el autocuidado no es egoísta y le dan prioridad. Invierten en sus propias necesidades, fomentando una mayor sensación de paciencia y bienestar general.
- **Motivación intrínseca:** Ayudan a sus hijos a encontrar razones internas como motivación, fomentando conceptos como elegir el esfuerzo antes que el resultado, fijarse metas y aceptar los retos.
- **Se centran en la conexión:** Reconocen la importancia de estar plenamente presentes y de crear momentos significativos para fomentar vínculos sólidos entre padres e hijos.
- **Practican** el coaching emocional: Siempre se dedican al coaching emocional, reconociendo y validando las necesidades y sentimientos de su hijo e instruyéndole sobre la regulación emocional eficaz.
- **Reconoce la ansiedad y los miedos:** La escucha activa es una parte fundamental del paquete de crianza con inteligencia emocional. Junto con una buena dosis de empatía, reconocen las emociones de sus hijos y les dotan de herramientas prácticas de afrontamiento para gestionar mejor estas emociones.
- **Enseña, no castigues:** La disciplina adopta un nuevo enfoque, dando prioridad a la enseñanza sobre el castigo. Esto ayuda a establecer límites coherentes y respetuosos para mantener intactos esos comportamientos.
- **Inculcar valores:** Los padres emocionalmente inteligentes predican con el ejemplo, inculcando sus valores a sus hijos mediante la discusión, el refuerzo y el estímulo.
- **Gestiona el tiempo frente a la pantalla:** Se regula la exposición al tiempo de pantalla, limitando la exposición a la negatividad en cualquiera de sus formas, que podría

repercutir significativamente en el comportamiento y el estado de ánimo.

- **Colaboración:** La colaboración está en la lista de prioridades para facilitar la responsabilidad y la motivación. Participar en esfuerzos de equipo para establecer objetivos individuales y colectivos, como los objetivos SMART, es una práctica rutinaria que garantiza el crecimiento continuo.

Consejos y trucos de inteligencia emocional para toda la familia:

Para ser socialmente inteligente, debes ser emocionalmente inteligente. Estas capacidades son tan cruciales como las habilidades prácticas para la vida y una educación sólida. Y esto vale para todos, TDAH o no, incluidos los adultos.

Veamos algunos consejos para refrescar la inteligencia emocional de toda la familia, con el objetivo de comprender mejor nuestras emociones y las de los demás.

- **Vocabulario de las emociones:** Dar prioridad a comprender y etiquetar las emociones articulando con palabras lo que se siente o experimenta. Inicia frases que empiecen con "Me siento enfadado/herido/feliz porque...".
- **Acepta las emociones:** Reconoce y acepta lo que tú o los demás sentís. Validar las emociones, aunque sean desagradables, es esencial. Está bien reconocerlas y aceptarlas.
- **Fomentar el reconocimiento:** Fomenta la comprensión emocional y la empatía analizando las emociones de los personajes en las historias (viendo o leyendo), hablando de sus sentimientos y relacionándote con sus experiencias.
- **Reflexiona:** Reflexiona sobre las emociones, preguntándote a ti mismo o a tu hijo cómo y por qué se experimentan determinadas emociones. La gran palabra al reflexionar

sobre las emociones es "por qué". Para un niño, puede resultar difícil encontrar la respuesta. Aun así, puedes ayudarles planteándoles más preguntas y explorando juntos posibles soluciones.

- **Observa las pautas:** ¿Hay algunas emociones problemáticas que siguen apareciendo? Busca patrones recurrentes y analiza las situaciones para descubrir posibles desencadenantes. Reconocer los desencadenantes es un paso crucial para mejorar la regulación emocional.

- **Prepárate:** Si determinadas situaciones te provocan emociones negativas, prepárate de antemano utilizando la visualización. Intenta ver posibles alternativas que puedan facilitar mejores resultados. O, si un acontecimiento desencadena ansiedad, crea una lista de indicaciones que te proporcione un enfoque estructurado para cuando las cosas se vuelvan abrumadoras.

- **Desglósalo:** Divídelo en pasos más sencillos para frenar la sensación de agobio, ya sea una tarea o una situación.

- **Sé claro:** unas expectativas claras, una comunicación clara y unas rutinas coherentes eliminan mucha falta de claridad y, en consecuencia, minimizan las emociones negativas.

- **Ten el control:** Recuerda que ninguna emoción es más importante que tú, aunque a veces no lo parezca. Tú tienes el control. Siempre puedes realizar prácticas de atención plena y relajación que te ayuden a frenar las emociones negativas y a recuperar el control.

- **Comprende lo que funciona:** Desarrolla una conciencia de los métodos calmantes que te ayudan a sentirte centrado y con los pies en la tierra. Así, reflexiona un poco para establecer una "lista de cosas tranquilizadoras" que hacer cuando las cosas se ponen difíciles.

- **Exprésate:** La comunicación verbal puede no ser siempre el método preferido de expresión emocional. Por tanto, emprende y enseña distintas prácticas mediante las cuales se puedan expresar las emociones en lugar de reprimirlas, como escribir, dibujar, bailar o tocar música.

Cómo manejar el comportamiento de los hermanos

No faltan dramas en ningún hogar, y los conflictos entre niños son habituales. Por muy natural que sea, sigue siendo desagradable para los hermanos y los padres.

La equidad, la competición, la inclusión y la evitación forman parte de la fiesta, a menudo acompañadas del reto añadido de la vergüenza para los hermanos sin TDAH. Pero no se trata sólo de la vergüenza; los hermanos sin TDAH también pueden experimentar frustración, culpa y presión de "niño bueno". Por otra parte, para un hermano con TDAH, pueden experimentarse sentimientos de celos hacia sus hermanos neurotípicos, resentimiento e inadecuación.

La pregunta del millón es: ¿cómo hacemos malabares, como padres, con estas complejas dinámicas?

Tenemos que cultivar la capacidad de resolución. Exploremos algunas estrategias.

- **Control emocional:** De nuevo, como padre, debes dar ejemplo y demostrar control emocional, enseñando a tus hijos a responder adecuadamente a los demás, independientemente del TDAH. Enséñales a abordar las situaciones con compasión y a no perder de vista los objetivos en los momentos de acaloramiento.
- **Que sea justo:** Asegúrate de que todos los niños se sientan escuchados y comprendidos estableciendo normas domésticas claras. Y no olvides implantar también un sistema de recompensas para aumentar la motivación.
- **Calidad sobre cantidad:** Fomenta el apoyo individual y satisface las necesidades individuales dedicando tiempo

individual a cada niño. La atención exclusiva demostrará cariño y forjará una sólida relación padre-hijo.

- **Comunicación abierta:** Habla abiertamente de los retos, incluido el TDAH. Fomenta los debates, comparte información y estate siempre disponible para responder a las preguntas.

- **Rutinas familiares:** Deben establecerse rutinas familiares con funciones específicas para cada niño, a fin de reforzar la autoestima y compartir la responsabilidad.

- **Actividades familiares:** Fomenta la interacción positiva y la confianza organizando noches familiares periódicas, divertidas y agradables. Esto también animará a los hermanos a salir de sus hábitos típicos.

- **Celebra los puntos fuertes:** Destaca siempre los talentos únicos celebrando los puntos fuertes de cada niño y la importancia de su individualidad.

- **Aplica las consecuencias:** Los niños deben entender que toda acción tiene una reacción y que hay una consecuencia para el comportamiento inaceptable. Establece normas claras sobre las consecuencias de las infracciones.

- **Tómate un descanso:** Después de un conflicto, crea un periodo de pausa y separa a los hermanos durante 15 o 20 minutos, dejando que se asienten las emociones desbordadas. Cuando se haya asentado la polvareda, reagrupaos y discutid qué se puede hacer para avanzar de la mejor manera posible.

Comunicarse con calma

Los niños con TDAH pueden enfrentar dificultades en el procesamiento del lenguaje, lo que puede hacer que tarden más en aprender a hablar. Incluso cuando ya dominan el habla, sus síntomas pueden dificultarles mantenerse en el tema, encontrar las palabras adecuadas y usar la gramática correcta, lo que a menudo les lleva a omitir detalles clave en una conversación.

Pero los retos no terminan ahí. En cuanto a la comunicación, su comprensión auditiva también puede verse afectada, lo que les dificulta seguir conversaciones en entornos ruidosos o con un ritmo de habla rápido. Esto puede generar complicaciones sociales, especialmente en situaciones donde ocurren múltiples actividades simultáneamente.

Además, es importante considerar la forma en que reciben y organizan la información. Debido a dificultades en la función ejecutiva, pueden mezclar datos o interpretarlos de manera desordenada, lo que a veces lleva a un diagnóstico erróneo de trastorno del procesamiento auditivo. Sin embargo, a diferencia de este trastorno, los niños con TDAH no tienen problemas de audición, sino dificultades para gestionar y procesar la información verbal de manera efectiva.

Aporta las siguientes estrategias para superar estos retos:

- **Reconoce cuándo tu hijo está oyendo y prestando atención:** El contacto visual es esencial durante la comunicación. Para los niños con TDAH, establecer contacto visual durante las conversaciones no es una garantía. Aun así, eso no significa que no estén escuchando. Algunos pueden inquietarse y parecer distraídos, por lo que siempre es esencial comprender y prestar atención a sus señales.
- **Hazlo breve y sencillo:**Los niños suelen distraerse fácilmente, por lo que darles tareas enormes no funciona. Divídelas en pasos pequeños y claros, guiándolos uno a uno mientras avanzan.
- **Estrategias de comunicación:** Sé creativo y emplea algunas estrategias de escucha divertidas. Introduce un "objeto de escucha", como una pelota o un juguete con el que puedan jugar si necesitas que te escuchen. También puedes utilizar imágenes para comunicar lo que necesitas de ellos. Por ejemplo, enséñale una foto de un baño de burbujas para la hora del baño.

- **Utiliza ayudas visuales:** Una estrategia eficaz para los niños con TDAH es utilizar ayudas visuales. Crea un póster de lo que se necesita con una secuencia de imágenes para actividades como la hora del baño o de acostarse. Incluso puedes crear un horario visual que describa sus horarios. Haz que participen en la creación de la ayuda visual; puede ser agradable y personalizante.
- **Dale opciones:** Si das a un niño la posibilidad de elegir, es más probable que te escuche. Es un pequeño truco que les ralentiza y les implica en la toma de decisiones. La magia está en hablar con ellos, no a ellos. Pregúntales qué quieren ponerse en lugar de decirles que es hora de vestirse.
- **Con calma:** Mantén la calma y habla con suavidad para evitar la sobreestimulación. Esto es especialmente cierto cuando se trata de crisis. Aléjate y participa en una actividad tranquilizadora que despierte su interés, como construir una torre.
- **Explica las expectativas:** Al comunicar las expectativas evitas la confusión y el agobio innecesarios. Esta claridad forja aún más el comportamiento positivo.

TDAH y resolución de conflictos

Negarse a cumplir las normas y aceptar los castigos es bastante habitual en los niños. Ahora, con el TDAH añadido a la mezcla, el volumen de estos retos se hace más pronunciado.

Los problemas con el funcionamiento ejecutivo y la regulación emocional son los grandes culpables. Pero no todo está perdido; como padre, el secreto está en ser receptivo y no reactivo. Las intervenciones preestablecidas son estupendas para refrenar y reconducir los comportamientos rebeldes. Echemos un vistazo a la Reunión de Armonía.

- **Identifica pautas:** Dedica 15 minutos a hablar en familia sobre las crisis. Habla de los desencadenantes, las características y las señales. Profundiza en detalles como los factores contribuyentes, las medidas contraactivas y los tiempos de recuperación ideales para cada miembro de la familia.
- **Tus respuestas:** Reflexiona sobre tu reacción típica ante estas situaciones. ¿Qué puedes hacer para ayudar? ¿Cuál es la forma ideal en que podrías responder? Identifica tus puntos fuertes y tus áreas de mejora para apoyar mejor la regulación emocional de tu hijo relacionada con el TDAH.
- **Mejora la cooperación:** Sin duda, todo el mundo prefiere la paz en el hogar a las discusiones y las peleas. Pide a cada miembro de la familia que comparta sus opiniones, incluyéndolos en el proceso de planificación y estrategia, ganándote su interés y haciendo que se sientan escuchados. Esto fomentará la cercanía, haciendo que todos piensen que forman parte de un equipo.
- **Haz una tabla de Huddle de Armonía:** Mantén la paz con una sencilla estructura de seis pasos. Sigue el esquema de ejemplo que aparece a continuación y crea tu propio gráfico del Huddle de la Armonía:
  - **Disparador:** Si el juego suele ser la causa principal, pon límites de tiempo definidos.
  - **Reacciones esperadas:** Protestar, gritar o discutir.
  - **Tu respuesta general:** Elimina todo tiempo de pantalla durante el resto del día.
  - **Tu nueva respuesta:** Pon en práctica la pausa de tiempo establecida antes de cualquier escalada.
  - **Opciones:** Deja que tu hijo elija entre pasar tiempo separado para tranquilizarse o realizar juntos una actividad tranquilizadora. Preferiblemente, sería estupendo disponer de una lista de actividades elaborada de antemano para elegir el tiempo que pasarán juntos.

- ○ **Recuperación:** Después de que se haya calmado el polvo, entabla un breve debate sobre lo ocurrido, la responsabilidad y las posibles soluciones.
- ○ **Practica:** Recuerda que se trata de progresar, no de alcanzar la perfección. Fíjate objetivos realistas; es un proceso que requerirá ensayo y error. Y recuerda practicar la paciencia y la empatía.

ELEMENTO INTERACTIVO

No hay mucho que puedas decirle a Justin Timberlake sobre lo que se siente al luchar contra el TDA y el TOC.

Compartió abiertamente sus experiencias en una entrevista, y se trata de una bolsa de trucos, entre los que se incluyen la distracción, el olvido y una afición por alinear meticulosamente los objetos. Y, al igual que otras personas extraordinarias que se enfrentan a diversos trastornos, no ha permitido que estos retos oscurezcan su luz. Justin transformó estos retos en salidas constructivas, como su genuino amor por las actuaciones en directo, que le catapultaron al estrellato internacional del pop. Esta historia resonará en todos aquellos que se enfrentan a las luchas del TDAH y otros trastornos diversos, mostrando la importancia de comprender y gestionar eficazmente estas afecciones.

Convierte lo negativo en positivo redirigiendo la energía hacia algo más beneficioso y alineado contigo mismo y tus valores; tus posibilidades son infinitas.

Así pues, hemos llegado a nuestro capítulo final. El capítulo final ahondará en las estrategias de preparación para garantizar que los niños estén preparados para los retos de la adolescencia ¡y más allá!

8

CULTIVAR EL ÉXITO FUTURO

> *"Seamos agradecidos a las personas que nos hacen felices; son los encantadores jardineros que hacen florecer nuestras almas".* - Marcel Proust

La vida tiene altibajos, pero eso es lo que la hace bella. No cuesta ningún esfuerzo celebrarlo y estar agradecido cuando las cosas van según lo previsto. Pero, ¿qué pasa con los días oscuros?

Pues bien, la actitud de gratitud es como un GPS, que guía tu corazón hacia lugares más luminosos. Sin embargo, no debemos reservar la práctica de la gratitud sólo para los días sombríos; es un ritual diario. Ser agradecido hará algo más que ponerle más virutas a tu helado: mejora el sueño, refuerza la inmunidad y eleva tu estado de ánimo. También contribuye significativamente a mejorar la ansiedad, la depresión y el dolor, y ayuda a protegerse contra las enfermedades.

Si hubiera una píldora que pudieras tomar a diario para evitar todos estos problemas, la tomarías sin pensártelo dos veces. ¿Por qué no adoptar una práctica diaria de gratitud sin dudarlo? Es sencilla y accesible, ¡y puedes hacerla en cualquier momento y lugar! No es sólo un deseo; cuando dedicas tiempo a estar agradecido, incluso por las cosas pequeñas, liberas oxitocina, la hormona de la felicidad, también conocida como la hormona del amor. ¿Te parece perfecto? Puedes darte a ti mismo una buena dosis de amor y difundirla expresando gratitud hacia los demás.

Veamos cómo puedes adoptar la actitud de gratitud.

PAUSA PARA LOS PADRES:

Los humanos tendemos a enfocarnos en lo negativo, y no es culpa de nadie; es parte de nuestro instinto de supervivencia. A esto se le llama sesgo de negatividad. En la antigüedad, estar alerta ante posibles amenazas era esencial para sobrevivir. Pero en el mundo seguro de hoy, es momento de cambiar esa mentalidad.

Antes, preocuparse por depredadores era más importante que pensar en la cena. Ahora, ya no hay leones en el patio trasero, así que podemos redirigir nuestro enfoque. Prácticas como la meditación, el diario y el arte ayudan a cultivar la gratitud y a reentrenar nuestra mente.

Una forma sencilla de hacerlo es con el tarro de la gratitud: cada día, escribe algo por lo que estés agradecido y colócalo en un tarro. Con el tiempo, tendrás un registro tangible de momentos positivos para reflexionar y equilibrar tu perspectiva.

Qué hacer

Necesitarás los siguientes materiales:

- una jarra
- un bolígrafo
- papel
- elementos decorativos opcionales como pegatinas, cintas o purpurina
- Escribe diariamente algo por lo que estés agradecido y mete la nota en el tarro.

Puedes hacerlo tantas veces como quieras y anotar diariamente tantas cosas como te plazca.

Considera la posibilidad de crear un tarro de gratitud para cada miembro de la familia; incorporar esta práctica a un ritual matutino familiar puede profundizar el sentimiento de gratitud.

Por qué los niños con TDAH necesitan aficiones y pasiones

Tómate un momento y reflexiona sobre las personas extraordinarias e inspiradoras en las que hemos profundizado, todas las cuales se enfrentaron a retos como el TDAH y el TDA durante sus años de formación. A pesar de ser las figuras disruptivas de la clase, incapaces de estarse quietos o de comprender las cosas con rapidez, mira dónde están todos ellos hoy. Todo se debe a que profundizaron y descubrieron sus pasiones, trascendiendo la etiqueta de "el niño con TDAH" para convertirse en una fuente de inspiración.

Los niños con TDAH necesitan una salida divertida para controlar la hiperactividad y el estrés, lo que pone de relieve el papel crucial de las aficiones. En medio de sus presiones académicas, es esencial comunicarles que el éxito académico no es lo único que determina su valía o su éxito. Inculcar este principio alimenta una mentalidad más abierta y equilibrada. Las aficiones no sólo ofrecen una salida creativa a los niños con TDAH, sino que también les exponen a trayectorias profesionales poco convencionales. Fomentar actividades como tocar instrumentos musicales, dedicarse a las artes o participar en deportes infunde autoexpresión, desarrollo de habilidades y mejora la concentración.

Otro obstáculo del TDAH, sobre todo en los adolescentes, es que puede resultar especialmente difícil descubrir una pasión singular debido a las dificultades para frenarse y dedicarse a reflexionar en silencio. Como padre, proporciona apoyo, tiempo y oportunidades para que tus hijos exploren y descubran actividades que les proporcionen alegría. He aquí algunas estrategias para ayudar a niños de todas las edades a descubrir sus pasiones singulares: Guía para explorar.

Anima a tu hijo adolescente a hacer una lista de posibles intereses y pasiones, incluyendo aficiones, actividades u objetos que despierten su interés. Pídeles que clasifiquen y puntúen cada interés para priorizar y reducir las cosas.

Apoyo externo

Los adolescentes valoran la opinión de sus padres, aunque a veces no ocupen el primer puesto de la lista. Es una buena idea buscar la opinión externa de otras personas de confianza a las que tengan en alta estima. Este enfoque ofrecerá más ideas y nuevas perspectivas.

Personalidad vs. Pasión

Hablando de convertir limones en limonada. Presta mucha atención a las situaciones desafiantes que les hacen caer regularmente en la sopa caliente; ahí puede haber una pista oculta de una pasión. Si tu hijo adolescente habla en exceso, es posible que tenga grandes cualidades de liderazgo, así que introdúcelo en actividades de grupo o en funciones de liderazgo.

Pasiones más allá del disfrute personal

A veces, las pasiones pueden ir más allá de uno mismo, ir más allá del disfrute personal. Explora actividades que formen parte de una causa más significativa, como el voluntariado o las actividades orientadas al trabajo en equipo.

Evolución

La pasión y el talento sólo encajan a veces de forma inmediata; a veces, necesitan tiempo para evolucionar y alinearse. Identifica las actividades que le gustan a tu hijo adolescente para aumentar la confianza en esa capacidad y repasa las habilidades, fomentando la transformación de la pasión en talento.

Mantén la concentración

Cuando una pasión se vuelve intensa, puede eclipsar otras responsabilidades y metas. Para evitarlo, fomenta la autoconversación positiva y la responsabilidad, ayudándolos a mantenerse enfocados y comprometidos con tareas que, aunque parezcan ajenas a sus grandes objetivos, también son importantes.

La inteligencia y las habilidades de tu hijo no son fijas.

Empecemos por lo más sencillo para definir una mentalidad de crecimiento: crees que tu cerebro puede aprender cosas nuevas y crecer.

Nuestras mentes no están grabadas en piedra; tenemos el poder de moldearlas y darles forma, aprendiendo y creciendo continuamente a medida que transcurre la vida. Algunas personas creen que nacemos como "cerebritos" o no, atascados para siempre con la mano que nos ha tocado, pero esto no podría estar más lejos de la realidad. Mantener una mentalidad tan fija limita la creencia en aprender cosas nuevas. Al igual que nuestro cuerpo necesita ejercicio físico regular y una alimentación sana, lo mismo ocurre con nuestro cerebro. Nuestro cerebro crecerá y funcionará óptimamente si lo entrenamos y alimentamos continuamente. Enseñar una mentalidad de crecimiento es parecido a construir Roma; es algo distinto a lo que ocurrirá en un día. Es un proceso que implica reconocer viejos patrones de pensamiento negativos y sustituirlos por otros nuevos y más positivos, una premisa muy parecida a la de la TCC. Centrarse en lo positivo, elogiar a los niños por sus esfuerzos, incorporar incentivos y predicar con el ejemplo son excelentes puntos de partida.

Inculca a tu hijo una actitud de "puedo hacerlo". Con esta perspectiva, los retos se convierten en oportunidades y los obstáculos en peldaños. Gran parte de esto también tiene que ver con la autoconversación; en este contexto, la palabra "aún" interviene como una fuerza poderosa. En lugar de decir "no puedo", reformúlalo y cámbialo por un poderoso "puede que aún no pueda".

Para establecer nuevas vías neuronales y animarlas a que se activen y se conecten a una mentalidad de crecimiento, deberías probar las siguientes actividades:

- **Conferencias individuales:** Organiza miniconferencias en casa para debatir en colaboración las áreas de mejora. Puedes incluso implicar al profesor de tu hijo y animarle a mantener reuniones individuales para abordar los retos de forma independiente. Céntrate en un aspecto cada vez para aumentar la confianza y evitar que se sienta abrumado.
- **Cuadro comparativo:** Haz una tabla en la que diferencies entre una mentalidad de crecimiento y una mentalidad fija, anotando afirmaciones y rasgos en la categoría adecuada para ayudar a representar visualmente los puntos fuertes y débiles.
- **Entrevistas:** Celebra entrevistas periódicas en casa para animar las cosas o anima a tu hijo a realizarlas entre amigos en la escuela. Hablar de los retos a los que se enfrenta cada uno y explorar colectivamente soluciones estratégicas. Haz un par de entrevistas de seguimiento para fomentar el cuidado, la empatía y la responsabilidad. Es como un programa de entrevistas que fomenta la atención, la compasión, la responsabilidad, la resolución de problemas y las habilidades sociales.
- **La regla de lo difícil:** Deja que tu hijo elija una tarea o actividad desafiante que normalmente intentaría evitar. Puede ser cualquier cosa, desde aprender a atarse los zapatos hasta dominar las multiplicaciones. Deja que se sumerjan de

lleno en ella y la practiquen constantemente para enseñarles
independencia, perseverancia, paciencia y resistencia.

- **Instrucciones de vocabulario:** Escribe y repasa las
afirmaciones sobre la mentalidad de crecimiento para
integrar los términos en el vocabulario cotidiano. Las
afirmaciones proporcionarán una mayor comprensión del
significado de la mentalidad de crecimiento, mejorarán el
vocabulario y fomentarán las habilidades lingüísticas.
- **Películas:** Mira películas en las que los personajes triunfan
sobre los retos para inspirar a tus hijos. Analiza todos los
rasgos de los personajes y las estrategias que emplearon para
superar los retos a los que se enfrentaron. Algunas películas
estupendas son *Buscando a Nemo*, *El indomable Will Hunting* y
Recuerda a los titanes.
- **Los libros:** ¿A quién no le gusta una buena lectura? Busca
algunos libros sobre mentalidad de crecimiento para que los
más jóvenes se animen e inspiren a explorar distintas
estrategias. Algunas buenas lecturas en las que merece la
pena sumergirse son *No puedo hacer eso, AÚN*, *Los errores son
la forma en que aprendo* y *Un mundo sin fracasos*.

Resiliencia para el éxito en la vida

Los propósitos de Año Nuevo son como un déjà vu. Y la razón es que
todos los hacemos cada año, arrancamos con ganas, tropezamos y, en
general, acabamos otra vez en el mismo punto de partida.

No es diferente cuando se trata de los niños y de las esperanzas y
sueños que tienen para sí mismos al comienzo de un nuevo curso
escolar. Y, como todos nosotros, pueden encontrarse atrapados en un
bucle de objetivos perdidos y esperanzas que se desvanecen. Pero,
¿qué podemos hacer los padres para ayudarles a alcanzar sus sueños
y que no acaben en un bucle repetitivo de "propósitos deseosos"?

Estructura y Rutina

Por mucho que los niños y adolescentes se opongan a la estructura y la rutina, son necesarias. Es algo que les proporciona una sensación de seguridad. Sí, la hora de acostarse, la hora de comer, la hora de hacer los deberes, las normas de la casa y las rutinas matutinas parecen molestas, pero son fundamentales. No se trata de ser rígido; se trata de coherencia. Estas estructuras predecibles proporcionan una columna vertebral, haciendo que navegar por el mundo moderno y todas sus exigencias sea mucho más manejable.

Aceptación, Perdón y Amor

Los niños con TDAH se enfrentan a diario a la negatividad, ya sea en forma de comentarios o de etiquetas, debido a síntomas como la falta de memoria y la impulsividad. Sus tanques emocionales se agotan, y los aspectos positivos se pasan por alto muy fácilmente. Como padre, tienes que rellenar sus pequeños tanques con una buena dosis de aceptación, perdón y amor incondicional. La aceptación y el perdón no implican que los padres deban pasar por alto los comportamientos inaceptables; deben comprender sus retos, corregir el comportamiento y reconocer y elogiar siempre sus esfuerzos.

No personalices el comportamiento

Los comportamientos de los niños y adolescentes con TDAH pueden ser a veces salvajes. Morder, mentir o dar patadas suelen ser reacciones impulsivas. También puede que se digan un par de cosas hirientes, por no hablar de la vergüenza asociada. No te lo tomes como algo personal; estos comportamientos no son intencionados. Mantén el corazón abierto, resiste la ira y comprende que son los retos los que están en juego.

Deja espacio para el fracaso

Todos cometemos errores; nadie, ni siquiera tu hijo, es perfecto. Deja margen para el error. Estate ahí para ofrecerle apoyo y orientación y ayúdale a aprender de sus errores, reduciendo así las posibilidades de que los repita. El TDAH hace que los fracasos sean más frecuentes, por lo que la paciencia y la resistencia al impulso de microgestionar son fundamentales.

Establece conexiones

Por favor, anima a tu hijo a relacionarse con los demás fomentando una red familiar sólida en casa y creando la confianza suficiente para tender la mano y establecer vínculos con los demás, obteniendo así apoyo social, mejorando las habilidades sociales y fomentando la resiliencia.

Ayuda a los demás

Ayudar a los demás no sólo es una búsqueda noble, sino que también da poder. Pide a tu hijo que te ayude con las tareas domésticas, involúcralo en trabajos de voluntariado y anímalo a tender la mano a quienes lo necesiten.

Haz una pausa:

Enseña a tu hijo a hacer una pausa y dar un paso atrás en situaciones difíciles que puedan desencadenar agobio y ansiedad. Que reconozcan que está bien experimentar estas emociones. Y lo que es más importante, enséñales a centrarse en lo que pueden controlar y a dejar de lado lo que no pueden. Inculca la importancia de hacer una pausa y evaluar la situación. Una forma estupenda de ayudar a frenar el agobio es pedirles que piensen qué consejo darían a un amigo o a un ser querido que se enfrente a problemas similares.

Enseña autocuidado

Comprendes la importancia del autocuidado para mantener tu copa llena, y no es diferente para los niños. Asegúrate de que duermen lo suficiente, se alimentan bien, se divierten y hacen ejercicio para llevar una vida equilibrada que les ayude a superar mejor los momentos estresantes.

Objetivos:

Enseña a tu hijo a fijarse objetivos realistas y alcanzables para fomentar la resiliencia. Permítele asumir tareas y retos más importantes dividiéndolos en pasos más pequeños y alcanzables, gestionando eficazmente el agobio y permitiéndole centrarse en una cosa concreta cada vez.

Aceptar el cambio

El cambio suele asustar a los más pequeños, pero debes hacerle comprender que es una parte inevitable y fundamental de la vida. El cambio nos obliga a salir de nuestra zona de confort y a crecer. Una vez más, enséñales a centrarse en lo que pueden controlar en medio de modificaciones para sentirse más cómodos.

Niño feliz = Adolescente independiente = Adulto próspero

¿Qué implica exactamente para un adolescente ser independiente? Se trata de asumir más responsabilidades, llevar la voz cantante, tomar sus propias decisiones, probar cosas nuevas y adquirir una comprensión más profunda de quiénes son.

La independencia de un adolescente es la llave que abre la edad adulta, y a lo largo de esta aventura necesitará mucho apoyo, comprensión, respeto y orientación. Veamos algunos elementos de reflexión para ayudar a fomentar la independencia de tu hijo adolescente.

- Los adolescentes no son adultos; siguen necesitando apoyo y estructura, pero al mismo tiempo también tendrás que respetar sus necesidades de desarrollo. Es un delicado equilibrio entre apoyo, estructura y espacio. Así pues, permíteles que desplieguen sus alas y exploren su independencia, pero vigílalos de cerca y monitorízalos siempre para darles un retoque si es necesario.

- Haz un esfuerzo de colaboración para establecer objetivos y un plan de motivación para la escuela, la vida social y otras actividades.
- Fomenta las habilidades organizativas animándoles a elaborar sus rutinas diarias efectivas. Motívales para que cumplan sus horarios y completen las tareas.
- Para que se sientan escuchados y valorados, hazles participar en decisiones serias, como establecer normas familiares y explicarles las consecuencias de incumplirlas.
- Los elogios y el reconocimiento son esenciales para fomentar la confianza. Por tanto, ten siempre a mano un cumplido cuando sea debido.
- Anímales a fomentar conexiones sanas y a participar en actividades de grupos sociales extraescolares para mejorar sus habilidades sociales y establecer una sólida red de apoyo. Deja que se pongan en contacto con otras personas con intereses similares. Enséñales también a mostrar interés por los demás mediante gestos como recordar los cumpleaños y mantener un contacto regular.
- Enséñales a manejar eficazmente las emociones intensas y los retos sociales, como el rechazo. Podrían adoptar estrategias autocalmantes, como dar un paseo a paso ligero o escuchar música, para calmarse en lugar de convertirse en una tormenta reactiva.
- Establece normas consensuadas para evitar los conflictos en la medida de lo posible. La coherencia es fundamental para evitar confusiones y crisis y mantener un entorno estructurado y positivo.
- Aborda de frente problemas como el comportamiento, los toques de queda y el horario de la medicación. La comunicación directa fomentará el respeto y la confianza mutua.

- Inevitablemente, habrá mucha negociación, que debe fomentarse para mejorar la capacidad de resolución de problemas, como definir el problema, explorar posibles soluciones, elegir la mejor opción, planificar la ejecución y renegociar si es necesario.
- Son adolescentes y vienen con un buffet de malas decisiones. Por tanto, tendrás que rebajar tus juicios y aumentar tu paciencia. Lo mejor que puedes hacer es invertir tiempo en reflexión, apoyo, confianza y estructura para mantener una relación sana. Dales la orientación que necesitan para convertirse en adultos responsables.

ELEMENTO INTERACTIVO

Una de las mejores gimnastas de todos los tiempos, Simone Biles, no sólo ha conseguido siete medallas olímpicas de oro y ha navegado con éxito por el mundo del deporte, sino que también ha defendido con elegancia sus derechos.

En estos tiempos tecnológicos, acechan numerosos peligros con individuos que pueden acceder instantáneamente a cualquier información con sólo pulsar un botón, como fue exactamente el caso de Simone. En 2016, unos piratas informáticos violaron su intimidad al acceder a su historial médico y revelar públicamente que tomaba medicación para el TDAH. Simone se atrevió a dar un paso al frente, reconoció valientemente su diagnóstico de TDAH y luchó activamente contra los estigmas que rodean al TDAH y a su medicación. Lo expresó de la forma más elocuente: "Tener TDAH y tomar medicamentos para ello no es nada de lo que haya que avergonzarse, nada que me dé miedo hacer saber a la gente".

Es un ejemplo vivo de superación de retos, de defender tus derechos y de perseguir tus sueños, independientemente de estigmas o etiquetas.

Dicho esto, concluyamos nuestro maravilloso viaje.

CONCLUSIÓN:

Todo el mundo es un genio. Pero si juzgas a un pez por su capacidad para trepar a un árbol, vivirá toda su vida creyendo que es estúpido. - Albert Einstein

¡Qué experiencia! Hay mucho que agradecer, mucho que aprender y mucho propósito. Sí, conlleva desafíos; sin embargo, ¿qué hay en la vida que no los tenga? Siempre se puede mejorar, ¿verdad? Y sí, puede que tengas uno o varios hijos que funcionen a todo volumen, pero tienes esto. Es totalmente factible.

Por difícil que parezca, incluso cuando la vida te trague, recuerda que importas porque tienes mucho por lo que vivir. Hablemos del sesgo de la negatividad. ¿Qué tal si le damos la vuelta al guión? En lugar de verlo como un reto, míralo como una oportunidad única para elevar a tu hijo y a ti mismo. El TDAH requiere un ajuste significativo del estilo de vida; piensa en ello como si adoptaras una dieta adecuada. No es temporal ni de un día para otro; es un cambio de estilo de vida. ¿Y puedo añadir que la mayoría de la gente piensa que el ajuste en el estilo de vida sólo beneficia al niño con TDAH? No, beneficia a todos; es una mejora del estilo de vida. Después de todo, ¿acaso la vida no consiste en aprender y crecer continuamente? Realmente posees un billete dorado, aunque a veces no lo parezca. Palabras duras, ¿verdad? Sin embargo, considéralo un asiento en primera fila.

Estás capacitado para comprender que "la caridad empieza en casa". Para navegar con éxito por este viaje del TDAH, debes respetarte a ti mismo, dar prioridad al autocuidado y asegurarte de que tu copa está llena. Por tanto, te ayudaría hacer una pausa como padre para ser la mejor versión de ti mismo para tu familia. ¿Recuerdas el dicho "Mono ve, mono hace"? Así pues, no dudes en aprovechar tu pausa como padre, o padres, y cuidar de vosotros mismos. No es egoísmo; estas pequeñas "esponjas" absorben y aprenden. Fomentar la positividad y el amor en tu interior antes de que puedas irradiar un amor impactante a los demás es una de las mayores lecciones que puedes impartir a tus hijos.

Permíteme decir sin reparos que no hay nada malo en ponerte a ti primero como padre. A la mayoría de los padres nos falta eso debido a la culpa y a las interminables listas de tareas pendientes. Deja que tu copa se derrame; sin eso sólo funcionarás con el depósito medio vacío. Y eso no es bueno cuando se trata de toda la mezcla ecléctica de niños y problemas. Oh, no, tienes que dar un paso adelante e intervenir. Pero hazlo con cuidado y empatía hacia ti misma, porque tus hijos verán y comprenderán lo que se requiere para los cimientos de su autoestima. Y puede parecer abrumador, pero créeme, lo tienes, como tantos otros antes que tú sirven de faros de esperanza. El TDAH no es un callejón sin salida; no es un castigo. Necesita un poco más de cariño. Y, a menudo, el TDAH no es algo que marque casillas sociales. Sin embargo, si puedes superar las etiquetas y el estigma, el TDAH, como has visto, es una capacidad extraordinaria, no una discapacidad; es como una especie de superpoder. Estos niños están conectados de forma diferente. Canaliza esa energía en la dirección correcta; prepárate para retroceder porque, aparte de todos los retos del TDAH, estos chicos tienen pasión.

En nuestra búsqueda, hemos disipado algunos mitos y desentrañado algunos conceptos erróneos comunes que rodean al TDAH, permitiendo una comprensión más holística del asunto. Armado con una mayor comprensión de la verdadera naturaleza, causas y prevalencia del TDAH, ahora puedes compartir la misma sabiduría con tu hijo, profesores y otros cuidadores para tener una visión más profunda de su enfermedad. Además, dispondrás de una hoja de ruta del proceso de diagnóstico. Es importante recordar que el proceso de diagnóstico es el primer paso crucial hacia la comprensión y el apoyo. En cambio, es una tarea apasionante explorar técnicas prácticas y una serie de terapias diversas, que podrían contribuir y ayudar a tu hijo a vivir una vida feliz y plena que se ajuste a sus necesidades. Y créeme, técnicas sencillas como la respiración profunda valen su peso en oro y nunca deben pasarse por alto.

Te animo a que profundices de todo corazón en cada técnica y actividad, incluida la "Pausa para padres". Todo se acumula, infundiendo una mayor confianza para navegar por las complejidades del TDAH con más resiliencia. Sí, el panorama del tratamiento del TDAH puede parecer intrincado al principio. Sin embargo, comprender tus opciones de tratamiento antes de adentrarte en este mundo, como los estimulantes, los medicamentos no estimulantes y una serie de intervenciones conductuales, te capacitará para tomar decisiones informadas para tu hijo más pronto que tarde.

Recuerda, no hay una solución única para todos, y todos los pros y los contras merecen un examen reflexivo. No se trata sólo del tratamiento y la medicación, sino también del impacto de su entorno. Buscar estrategias adaptadas a sus necesidades únicas forma parte de este paquete. La educación y el entorno escolar forman parte integral de la vida de cualquier niño. Para un niño con TDAH, recibir el apoyo académico adecuado es de suma importancia para crear un entorno en el que se comprendan plenamente sus necesidades y se fomente la cooperación. Fomenta una comunicación eficaz con los educadores y anima a tu hijo a hacer lo mismo, ayudando así a descifrar las complejidades y los retos que puedan surgir.

El trabajo en equipo hace que funcione el sueño, y por mucho que tu hijo tenga TDAH, sigue afectando a quienes le rodean, sobre todo a la familia. Aquí tienes que poner de relieve la inteligencia emocional. Este movimiento de poder genuinamente transformador beneficiará a toda la familia, tenga o no TDAH. Asegúrate de reflexionar y disponer de estrategias de comunicación adecuadas, conocimientos sobre las relaciones entre hermanos y habilidades de resolución de conflictos graves para dirigir un "barco" armonioso. Se trata de mantener la paz en el presente y alimentar el éxito futuro. Sin embargo, todo lo que tienes es el presente, y no hay mejor momento que éste para preparar a tu hijo para la adolescencia y más allá.

Anima a tu hijo a sumergirse de lleno y explorar distintas pasiones. Preséntales diversas opciones deportivas, artísticas o de voluntariado. Lo importante es salir ahí fuera y mantenerse activo. Se trata de encontrar la salida perfecta y dar con pasiones que se les peguen y se alineen perfectamente con ellos, canalizando su energía reprimida de formas saludables. Es una forma estupenda de fomentar la mentalidad de crecimiento y la resiliencia, sentando unas bases sólidas para el éxito futuro.

Y, por favor, presta atención a la importantísima actitud de gratitud, otra poderosa herramienta de tu arsenal de resiliencia emocional que debes impartir. Esto no sólo se reserva para los días soleados, sino que debe cumplirse incluso en los oscuros, preparando el escenario perfecto para sortear mejor las curvas inesperadas de la vida. Es fundamental hacerlo con coherencia en todos los aspectos de la inculcación de principios morales sólidos. Sí, la constancia es la clave que ayudará a establecer esas nuevas vías neuronales y a fomentar una mentalidad más positiva.

A lo largo de este libro, te hemos presentado historias de inspiración, desde el espacio hasta la piscina. Hemos examinado a leyendas como Scott Kelly, Walt Disney y Justin Timberlake, demostrando que ningún rincón de la vida es inalcanzable para ningún niño que se enfrente a retos con TDAH. Al contrario, es todo lo contrario: El

TDAH no es una discapacidad; ¡es una capacidad maravillosa! Simplemente requiere una llave excepcional para desbloquear todo su potencial.

El TDAH no es una discapacidad; ¡es una capacidad maravillosa! Simplemente requiere una llave excepcional para desbloquear todo su potencial. Al fin y al cabo, ahora la vida es cuestión de perspectiva. No hay duda de que criar a un hijo con TDAH es desconcertante, pero con los nuevos conocimientos que has adquirido, es un viaje que merece la pena abrazar. Estás moldeando y construyendo un futuro brillante para un individuo único con un superpoder extraordinario; tú eres la luz guía que puede conducirle hasta esa llave mágica, abriendo un mundo fantástico lleno de posibilidades y una vida plena.

Lo he dicho antes y, sin duda, ¡lo repetiré! Es un viaje único, y lo que funciona para uno puede no funcionar para otro. Las estrategias difieren, al igual que los resultados; por tanto, considéralo una experiencia hecha a medida. Es un camino de descubrimiento, y debes aprovechar cada momento. Celebra tus victorias, grandes o pequeñas, aprende de las derrotas, traza tus pasos con cuidado y comprensión, y sabe que no estás solo. Eres un gran padre; tu dedicación y tu amor son testimonio de ello. Con estos puntos fuertes, eres más que capaz de forjar un futuro brillante para tu hijo.

Tengo el privilegio de haber compartido contigo uno de los primeros pasos de este importantísimo viaje de descubrimiento. Recuerda, ¡tú puedes y nosotros juntos! Y si la información te ha resultado inspiradora y útil, te agradecería que compartieras tus opiniones a través de una reseña. Esto ayudará a difundir el amor y, lo que es más importante, contribuirá a difundir el conocimiento y la concienciación.

Mantener vivo el juego

Tu viaje puede iluminar el camino

Al pasar la última página de "Ser padres de niños con TDAH simplificado", te encuentras al final de un viaje y al principio de otro. Armada con estrategias para controlar el comportamiento, herramientas para el éxito académico y claves para la armonía familiar, ahora estás preparada para afrontar los retos de la crianza de los hijos con TDAH con una confianza y una gracia recién descubiertas.

Pero el juego no acaba aquí.

Tus ideas, experiencias y victorias tienen un poder inmenso. Al compartir tu viaje, puedes guiar a otros padres que aún navegan por el laberinto, buscando la misma claridad y apoyo que tú has encontrado.

Por qué tu crítica es un faro de esperanza:

- **Empoderamiento:** Tu historia puede inspirar valor a otros para que abracen su viaje con positividad y resiliencia.
- **Orientación:** Tu reseña puede destacar los aspectos más útiles del libro, orientando a otros hacia las estrategias que funcionan.
- **Comunidad:** Compartir tu experiencia fomenta un sentimiento de pertenencia, recordando a otros padres que no están solos en sus luchas o triunfos.

Cómo compartir tu luz:

Reflexiona sobre tu viaje: Piensa en dónde empezaste, los retos a los que te enfrentaste y cómo te ayudó el libro a navegar por el panorama de la crianza del TDAH.

Escribe tu reseña: Visita la sección de reseñas del libro escaneando el código QR o haciendo clic en el enlace proporcionado. Comparte tus pensamientos, puntos de vista y cómo ha influido el libro en tu vida familiar.

Pásalo: Tu reseña es algo más que palabras; es un salvavidas, una invitación a una comunidad en la que todos los padres tienen el apoyo que necesitan para prosperar.

https://www.amazon.com/product-reviews/B0DX8B3BDB

Gracias por elegir formar parte de este viaje, por cada reto afrontado y cada pequeña victoria celebrada. Tu voz es el eco que mantiene vivo el juego, convirtiendo los viajes individuales en una aventura colectiva de crecimiento, comprensión y apoyo incondicional.

Con profunda gratitud,

Lucy Marvar

REFERENCIAS

Nota: Las siguientes referencias se presentan en su idioma original (inglés) para preservar su fidelidad académica.

1. ADDitude Editors. (2006, November 30). "None of us were trained how to be good parents:" An ADHD guide to behavior therapy. ADDitude. https://www.additudemag.com/using-behavior-therapy-with-your-child/

2. Addrc, A. (2014, September 9). The effects of ADHD on communication. ADD Resource Center. https://www.addrc.org/effects-adhd-communication/

3. ADHDaptive. (2023, May 9). Emma Watson and ADHD. ADHDaptive. https://adhdaptive.org/adhdaptive-blog/f/emma-watson-and-adhd

4. The ADHD diagnostic process. (2023). CHADD. https://chadd.org/for-professionals/the-adhd-diagnostic-process/

5. Advokat, C., & Scheithauer, M. (2013). Attention-deficit hyperactivity disorder (ADHD) stimulant medications as cognitive enhancers. Frontiers in Neuroscience, 7(82). https://doi.org/10.3389/fnins.2013.00082

6. Akita, L. G. (n.d.) Lailah Gifty Akita quotes. Goodreads. https://www.goodreads.com/quotes/7010722-never-be-afraid-to-travel-on-a-new-path

7. American Academy of Pediatrics. (2018, October 22). 8 ADHD myths & misconceptions. Healthy Children. https://www.healthychildren.org/English/health-issues/conditions/adhd/Pages/Myths-and-Misconceptions.aspx

8. American Psychological Association. (2020, August 26). Resilience guide for parents and teachers. American Psychological Association. https://www.apa.org/topics/resilience/guide-parents-teachers

9. Anderson, D. (2023). What is the difference between ADD and ADHD? Child Mind Institute. https://childmind.org/article/what-is-the-difference-between-add-and-adhd/

10. Anthony, K. (2017). What is EFT tapping? 5-Step technique for anxiety relief. Healthline. https://www.healthline.com/health/eft-tapping#treatment

Continuing the APA format references:

11. Attention deficit hyperactivity disorder (ADHD): supporting teenagers. (2023, January 24). Raising Children Network. [https://raisingchildren.net.au/teens/development/adhd/managing-adhd-12-18-years#building-independence-for-teenagers-with-adhd-nav-title]

(https://raisingchildren.net.au/teens/development/adhd/managing-adhd-12-18-years#building-independence-for-teenagers-with-adhd-nav-title)

12. Belsky, G. (2022). What is an IEP? Understood. https://www.understood.org/en/articles/what-is-an-iep

13. Bennett, R. T. (n.d.). Roy T Bennett quotes. Goodreads. https://www.goodreads.com/quotes/7953983-start-each-day-with-a-positive-thought-and-a-grateful

14. Berry, N. M., Robinson, M. J., Bryan, J., Buckley, J. D., Murphy, K. J., & Howe, P. R. C. (2011). Acute effects of an Avena sativa herb extract on responses to the Stroop color–word test. The Journal of Alternative and Complementary Medicine, 17(7), 635–637. https://doi.org/10.1089/acm.2010.0450

15. Berry, P. (2020, October 9). Help your ADHD teenager find his passion: positive parenting. ADDitude. https://www.additudemag.com/wheres-the-passion/

16. BetterHelp Editorial Team. (2019, June 12). Music therapy for children with ADHD. Betterhelp. https://www.betterhelp.com/advice/adhd/if-your-child-has-adhd-music-therapy-can-help/

17. Bitsko, R. H., Claussen, A. H., Lichstein, J., Black, L. I., Jones, S. E., Danielson, M. L., Hoenig, J. M., Davis Jack, S. P., Brody, D. J., Gyawali, S., Maenner, M. J., Warner, M., Holland, K. M., Perou, R., Crosby, A. E., Blumberg, S. J., Avenevoli, S., Kaminski, J. W., Ghandour, R. M., & Meyer, L. N. (2022). Mental health surveillance among children — the United States, 2013–2019. MMWR Supplements, 71(2), 1–42. https://doi.org/10.15585/mmwr.su7102a1

18. Breathing exercises for kids. (2020). Children's Health. [https://www.childrens.com/health-wellness/breathing-exercises-for-kids] (https://www.childrens.com/health-wellness/breathing-exercises-for-kids)

19. Brown, N. M., Brown, S. N., Briggs, R. D., Germán, M., Belamarich, P. F., & Oyeku, S. O. (2017). Associations between adverse childhood experiences and ADHD diagnosis and severity. Academic Pediatrics, 17(4), 349–355. https://doi.org/10.1016/j.acap.2016.08.013

20. Build emotional intelligence in your child with learning disabilities and ADHD. (2021, September 14). ldexplained. https://www.ldexplained.org/social-inclusion/social-and-emotional-skills/build-emotional-intelligence/

Continuing the APA format references:

21. Calming and regulating activities for ADHD. (2023). Gympanzees. https://www.gymanzees.org/our-services/online-resource-hub/adhd/10-calming-and-regulating-activities-for-adhd

22. Carter, L. (2021, June 21). "You can't pour from an empty cup": why self-care isn't selfish. Modern Minds. [https://modern-minds.com/you-cant-pour-from-an-empty-cup-why-self-care-isnt-selfish/] (https://modern-minds.com/you-cant-pour-from-an-empty-cup-why-self-care-isnt-selfish/)

23. CDC. (2017, September 7). Trends in the parent-report of health care provider-diagnosis and medication treatment for ADHD. Centers for Disease Control and Prevention. https://www.cdc.gov/ncbddd/adhd/features/key-findings-adhd72013.html

24. CDC. (2019, August 27). Other concerns and conditions with ADHD. Centers for Disease Control and Prevention. https://www.cdc.gov/ncbddd/adhd/conditions.html

25. Centers for Disease Control and Prevention. (2022a). ADHD in the classroom. Centers for Disease Control and Prevention. https://www.cdc.gov/ncbddd/adhd/school-success.html

26. Centers for Disease Control and Prevention. (2022b, August 9). Data and statistics about ADHD. Centers for Disease Control and Prevention. https://www.cdc.gov/ncbddd/adhd/data.html

27. Centers for Disease Control and Prevention. (2022c, August 9). Symptoms and diagnosis of ADHD. Centers for Disease Control and Prevention. https://www.cdc.gov/ncbddd/adhd/diagnosis.html

28. CHADD. (2018a). About ADHD - symptoms, causes and treatment. CHADD. https://chadd.org/about-adhd/overview/

29. CHADD. (2018b). Coexisting conditions. CHADD. https://chadd.org/about-adhd/coexisting-conditions/

30. CHADD. (2018c). General prevalence of ADHD. CHADD. https://chadd.org/about-adhd/general-prevalence/

31. CHADD's ADHD parents together. (n.d.). HealthUnlocked. https://healthunlocked.com/adhd-parents

32. Cherry, K. (2022, June 23). How to find an ADHD support group. Verywell Mind. [https://www.verywellmind.com/how-to-find-an-

adhd-support-group-5324827](https://www.verywellmind.com/how-to-find-an-adhd-support-group-5324827)

33. Cherry, K. (2023, May 2). Emotional intelligence: how we perceive, evaluate, express, and control emotions. Verywell Mind. [https://www.verywellmind.com/what-is-emotional-intelligence-2795423] (https://www.verywellmind.com/what-is-emotional-intelligence-2795423)

34. Child ADHD testing benefits. (2023, June 12). Behavioral Health Clinic | Counseling & Therapy in Central Wisconsin. https://wibehavioralhealth.com/benefits-of-adhd-testing-for-your-child/

35. Children and adolescents | ADHD assessments. (2023). Adhdcare. https://www.adhdcare.co.uk/?p=children.and.adolescents

36. Chronister, D. K., Program, K. H. T. T., & Program, D. K. C. and K. H. T. T. (2021, June 19). Best activities for teens with ADHD - Key healthcare. Key Healthcare. https://keyhealthcare.com/activities-for-teens-with-adhd/

37. Clatch, M. PsyD. (2014, December 4). Is art therapy for ADHD the right choice for your child? Good Therapy Therapy Blog. https://www.goodtherapy.org/blog/is-art-therapy-for-adhd-the-right-choice-for-your-child-1204144

38. Cronkleton, E. (2019, April 9). 10 breathing techniques. Healthline. https://www.healthline.com/health/breathing-exercise

39. Cuncic, A. (2019). Chill out: how to use progressive muscle relaxation to quell anxiety. Verywell Mind. [https://www.verywellmind.com/how-do-i-practice-progressive-muscle-relaxation-3024400](https://

www.verywellmind.com/how-do-i-practice-progressive-muscle-rela
xation-3024400)

40. Dave, U. P., Dingankar, S. R., Saxena, V. S., Joseph, J. A., Betha-
pudi, B., Agarwal, A., & Kudiganti, V. (2014). An open-label study to
elucidate the effects of standardized Bacopa monnieri extract in the
management of symptoms of attention-deficit hyperactivity disorder
in children. Advances in Mind-Body Medicine, 28(2), 10–15. [https://
pubmed.ncbi.nlm.nih.gov/24682000/](https://pubmed.ncbi.nlm.nih.
gov/24682000/)

41. Dolin, A. (2019, August 22). ADHD homework helper: 13 easy study
skills. ADDitude. [https://www.additudemag.com/homework-helper-
adhd-study-skills/](https://www.additudemag.com/homework-
helper-adhd-study-skills/)

42. Dvořáková, M., Sivoňová, M., Trebatická, J., Škodáček, I., Waczuli-
ková, I., Muchová, J., & Ďuračková, Z. (2006). The effect of polyphe-
nolic extract from pine bark, Pycnogenol® on the level of glutathione
in children suffering from attention deficit hyperactivity disorder
(ADHD). Redox Report, 11(4), 163–172. [https://doi.org/10.1179/
135100006x116664](https://doi.org/10.1179/135100006x116664)

43. Einstein, A. (2023). Albert Einstein quotes. Goodreads. [https://
www.goodreads.com/quotes/8136665-everybody-is-a-genius-but-if-
you-judge-a-fish](https://www.goodreads.com/quotes/8136665-every
body-is-a-genius-but-if-you-judge-a-fish)

44. Elmaghraby, R., & Garayalde, S. (2022, June). What is ADHD?
Psychiatry. [https://www.psychiatry.org/patients-families/adhd/what-
is-adhd](https://www.psychiatry.org/patients-families/adhd/what-is-
adhd)

45. Emotional intelligence and ADHD. (2018, May 24). Cameron Gott.
[https://www.camerongott.com/blog/2018/05/24/emotional-intelli
gence-adhd](https://www.camerongott.com/blog/2018/05/24/emotio
nal-intelligence-adhd)

46. Every child with ADHD symptoms needs a hobby – here's why. (2018, June 3). The ADHD Centre. https://www.adhdcentre.co.uk/every-child-with-adhd-symptoms-needs-a-hobby-heres-why/

47. Faster Than Normal. (2021, January 27). ADHD and STEM w/ Raven the Science Maven, Dr. Raven Baxter. Faster than Normal. https://www.fasterthannormal.com/adhd-and-stem-w-raven-the-science-maven-dr-raven-baxter/

48. Flannery, S. (2023). What we know about ADHD and food. Child Mind Institute. https://childmind.org/article/what-we-know-about-adhd-and-food/

49. Forry, E. (2023, March 2). 22 super helpful apps for kids with ADHD - FamilyEducation. Family Education. https://www.familyeducation.com/kids/neurodiversity/adhd/22-super-helpful-apps-for-kids-with-adhd#toc-time-management-apps-for-kids

50. Geisel, T. S. (n.d.). Dr. Seuss quotes. Goodreads. https://www.goodreads.com/quotes/16373-you-re-off-to-great-places-today-is-your-day-your

Continuing the APA format references:

51. Getahun, D., Rhoads, G. G., Demissie, K., Lu, S.-E., Quinn, V. P., Fassett, M. J., Wing, D. A., & Jacobsen, S. J. (2012). In-utero exposure to Ischemic-Hypoxic conditions and Attention-Deficit/Hyperactivity Disorder. Pediatrics, 131(1), e53–e61. https://doi.org/10.1542/peds.2012-1298

52. Glasser, J. M. (2020, August). Calming down and cooling off. CHADD. https://chadd.org/attention-article/calming-down-and-cooling-off/

53. Gratitude quotes (1708 quotes). (2009). Goodreads. https://www.goodreads.com/quotes/tag/gratitude

54. Griffin, R. M. (2022, January 23). Ways to study better. WebMD. https://www.webmd.com/add-adhd/childhood-adhd/study-better

55. Haan, E., Westmoreland, K. E., Schellhas, L., Sallis, H. M., Taylor, G., Zuccolo, L., & Munafò, M. R. (2022). Prenatal smoking, alcohol and caffeine exposure and offspring externalizing disorders: a systematic review and meta-analysis. Addiction. https://doi.org/10.1111/add.15858

56. Han, J.-Y., Kwon, H.-J., Ha, M., Paik, K.-C., Lim, M.-H., Gyu Lee, S., Yoo, S.-J., & Kim, E.-J. (2015). The effects of prenatal exposure to alcohol and environmental tobacco smoke on risk for ADHD: A large population-based study. Psychiatry Research, 225(1-2), 164–168. https://doi.org/10.1016/j.psychres.2014.11.009

57. Harkin, C. (2019, May 13). Attention Deficit Hyperactivity Disorder and Play Therapy. Play Therapy Melbourne. https://www.playtherapymelbourne.com/attention-deficit-hyperactivity-disorder-and-play-therapy/

58. Herndon, J. (2021, April 13). ADHD medication side effects: What to know. Healthline. https://www.healthline.com/health/adhd/adhd-medication-side-effects

59. Hillman, C. H., Pontifex, M. B., Castelli, D. M., Khan, N. A., Raine, L. B., Scudder, M. R., Drollette, E. S., Moore, R. D., Wu, C.-T., & Kamijo, K. (2014). Effects of the FITKids randomized controlled trial on executive control and brain function. Pediatrics, 134(4), e1063–e1071. https://doi.org/10.1542/peds.2013-3219

60. Hiscock, H., Sciberras, E., Mensah, F., Gerner, B., Efron, D., Khano, S., & Oberklaid, F. (2015). Impact of a behavioural sleep intervention on symptoms and sleep in children with attention deficit hyperactivity disorder, and parental mental health: randomised controlled trial. BMJ, 350(jan20 1), h68–h68. https://doi.org/10.1136/bmj.h68

Continuing the APA format references:

61. Hoogman, M., Bralten, J., Hibar, D. P., Mennes, M., Zwiers, M. P., Schweren, L. S. J., van Hulzen, K. J. E., Medland, S. E., Shumskaya, E., Jahanshad, N., Zeeuw, P. de, Szekely, E., Sudre, G., Wolfers, T., Onnink, A. M. H., Dammers, J. T., Mostert, J. C., Vives-Gilabert, Y., Kohls, G., & Oberwelland, E. (2017). Subcortical brain volume differences in participants with attention deficit hyperactivity disorder in children and adults: a cross-sectional mega-analysis. The Lancet. Psychiatry, 4(4), 310–319. https://doi.org/10.1016/S2215-0366(17)30049-4

62. Howard, A. L., Robinson, M., Smith, G. J., Ambrosini, G. L., Piek, J. P., & Oddy, W. H. (2010). ADHD is associated with a "Western" dietary pattern in adolescents. Journal of Attention Disorders, 15(5), 403–411. https://doi.org/10.1177/1087054710365990

63. Hoza, B., Smith, A. L., Shoulberg, E. K., Linnea, K. S., Dorsch, T. E., Blazo, J. A., Alerding, C. M., & McCabe, G. P. (2014). A randomized trial examining the effects of aerobic physical activity on Attention-Deficit/Hyperactivity Disorder symptoms in young children. Journal of Abnormal Child Psychology, 43(4), 655–667. [https://

doi.org/10.1007/s10802-014-9929-y](https://doi.org/10.1007/s10802-014-9929-y)

64. Hsu, C., Hsieh, L., Chen, Y., Lin, I., Chen, Y., Chen, C., Shirakawa, H., & Yang, S. (2021). Complementary effects of pine bark extract supplementation on inattention, impulsivity, and antioxidative status in children with attention-deficit hyperactivity disorder: a double-blinded randomized placebo-controlled cross-over study. Phytotherapy Research, doi: 10.1002/ptr.7036. [https://doi.org/10.1002/ptr.7036] (https://doi.org/10.1002/ptr.7036)

65. Hughes, L. (2023, May 24). ADHD productivity hack: how to use the Pomodoro method to get things done. Getinflow. https://www.getinflow.io/post/pomodoro-technique-adhd-productivity

66. I suffer OCD and ADD, Timberlake confesses. (2009, January 31). Stuff. https://www.stuff.co.nz/entertainment/504629/I-suffer-OCD-and-ADD-Timberlake-confesses

67. Intentional Living. (n.d.). 7 different ways to journal. The Beautiful Life Plan. https://www.thebeautifullifeplan.com/blog/7-different-ways-to-journal](https://www.thebeautifullifeplan.com/blog/7-different-ways-to-journal)

68. Jackson, N. A. (2003). A survey of music therapy methods and their role in the treatment of early elementary school children with ADHD. Journal of Music Therapy, 40(4), 302–323. https://doi.org/10.1093/jmt/40.4.302

69. Jones, H. (2022, January 17). Do ADHD symptoms differ in boys and girls? Verywell Health. https://www.verywellhealth.com/do-adhd-symptoms-differ-in-boys-and-girls-5207995

70. Jones, R. (2023, May 2). 51 inspirational breathe quotes to help find your center. Happier Human. [https://www.happierhuman.com/

breathe-quotes-rj1/](https://www.happierhuman.com/breathe-quotes-rj1/)

71. Jones, T. W., Borg, W. P., Boulware, S. D., McCarthy, G., Sherwin, R. S., & Tamborlane, W. V. (1995). Enhanced adrenomedullary response and increased susceptibility to neuroglycopenia: mechanisms underlying the adverse effects of sugar ingestion in healthy children. The Journal of Pediatrics, 126(2), 171–177. https://doi.org/10.1016/s0022-3476(95)70541-4

72. Journey of life quotes (455 quotes). (2023). Goodreads. https://www.goodreads.com/quotes/tag/journey-of-life

73. Karp, Dr. H. (2023). How to help your child with ADHD sleep better. Happiest Baby. https://www.happiestbaby.com/blogs/toddler/adhd-and-sleep

74. Kingsolver, B. (n.d.). Barbara Kingsolver quotes.

Goodreads. https://www.goodreads.com/quotes/9156587-all-the-noise-in-my-brain-i-clamp-it-to

75. Knost, L. R. (n.d.) L. R. Knost quotes. Goodreads. https://www.goodreads.com/quotes/9180745-taking-care-of-myself-doesn-t-mean-me-first-it-means

76. Kreider, C. M., Medina, S., & Slamka, M. R. (2019). Strategies for coping with time-related and productivity challenges of young people with learning disabilities and Attention-Deficit/Hyperactivity Disorder. Children, 6(2), 28. https://doi.org/10.3390/children6020028

77. Kristenson, S. (2022, September 21). 7 5-minute mindfulness activities to quickly calm yourself. Happier Human. [https://www.happier

human.com/5-minute-mindfulness-activities/](https://www.
happierhuman.com/5-minute-mindfulness-activities/)

78. Learning Disabilities Association of America. (2019). [https://ldaa
merica.org/](https://ldaamerica.org/)

79. Lee, J., Lee, A., Kim, J.-H., Shin, Y. M., Kim, S.-J., Cho, W. D., & Lee,
S. I. (2020). Effect of Omega-3 and Korean Red Ginseng on children
with Attention Deficit Hyperactivity Disorder: an open-label pilot
study. Clinical Psychopharmacology and Neuroscience, 18(1), 75–80.
[https://doi.org/10.9758/cpn.2020.18.1.75](https://doi.org/10.9758/cpn.
2020.18.1.75)

80. Lee, S.-H., Park, W.-S., & Lim, M.-H. (2011). Clinical effects of
Korean Red Ginseng on Attention Deficit Hyperactivity Disorder in
children: an observational study. Journal of Ginseng Research, 35(2),
226–234.   [https://doi.org/10.5142/jgr.2011.35.2.226](https://doi.org/10.
5142/jgr.2011.35.2.226)

81. Lesser, J. (2022, June 14). Sibling rivalry: ADHD family dynamics,
positive parenting & more. ADDitude. [https://www.additudemag.
com/sibling-rivalry-adhd-positive-parenting-tips/](https://www.addi
tudemag.com/sibling-rivalry-adhd-positive-parenting-tips/)

82. Lingasubramanian, G., Corman, H., Noonan, K., & Reichman, N.
E. (2022, August 5). Linkinghub. Elsevier. [https://linkinghub.elsevier.
com/retrieve/pii/S0022347622006989](https://linkinghub.elsevier.com/
retrieve/pii/S0022347622006989)

83. Logan, A. (2022, December 6). Can expressing gratitude improve
health? Mayo Clinic Health System. [https://www.mayoclini
chealthsystem.org/hometown-health/speaking-of-health/can-expres
sing-gratitude-improve-health](https://www.mayoclinichealthsystem.
org/hometown-health/speaking-of-health/can-expressing-gratitude-
improve-health)

84. Lovering, N. (2022, February 21). Cognitive Behavioral Therapy for

ADHD: How can it help? Psych Central. https://psychcentral.com/adhd/cbt-for-adhd

85. Lugo-Candelas, C., Corbeil, T., Wall, M., Posner, J., Bird, H., Canino, G., Fisher, P. W., Suglia, S. F., & Duarte, C. S. (2020). ADHD and risk for subsequent adverse childhood experiences: understanding the cycle of adversity. Journal of Child Psychology and Psychiatry, 62(8). https://doi.org/10.1111/jcpp.13352

86. McCarthy, L. F. (2006, November 30). ADHD medications for children. ADDitude. https://www.additudemag.com/adhd-medications-for-children/

87. Miller, G. (2019, October 23). ADHD resources: support groups, books, apps, and more. Psych Central. https://psychcentral.com/adhd/adhd-resources#takeaway

88. Morin, A. (2019). The 8 most effective ways to discipline a child with ADHD. Verywell Family. https://www.verywellfamily.com/discipline-strategies-for-kids-with-adhd-1094941

89. Morin, A. (n.d.). 8 common myths about ADHD. Understood. https://www.understood.org/en/articles/common-myths-about-adhd

90. Moryoussef, K. (2022, February 14). "How I calm down my ADHD brain: 14 quick de-stressors." ADDitude. https://www.additudemag.com/how-to-calm-down-destress-techniques-adhd/

91. Moser, J. S., Schroder, H. S., Heeter, C., Moran, T. P., & Lee, Y.-H. (2011). Mind your errors: Evidence for a neural mechanism linking growth mind-set to adaptive posterror adjustments. Psychological

Science, 22(12), 1484–1489. [https://doi.org/10.1177/0956797611419520] (https://doi.org/10.1177/0956797611419520)

92. Myers, P. (2022, February 7). Communication strategies for parents of children with ADHD. Child Development Institute. [https://child developmentinfo.com/parenting/communication-strategies-parents-children-adhd/](https://childdevelopmentinfo.com/parenting/commu nication-strategies-parents-children-adhd/)

93. Narad, M. E., Kennelly, M., Zhang, N., Wade, S. L., Yeates, K. O., Taylor, H. G., Epstein, J. N., & Kurowski, B. G. (2018). Secondary Attention-Deficit/Hyperactivity Disorder in children and adolescents 5 to 10 years after traumatic brain injury. JAMA Pediatrics, 172(5), 437–443. [https://doi.org/10.1001/jamapediatrics.2017.5746](https://doi.org/10. 1001/jamapediatrics.2017.5746)

94. Nelson, W. (2006, October 6). "Why couldn't he be like any other boy?" ADDitude. https://www.additudemag.com/adhd-personal-stories/

95. Next Step 4 ADHD. (2021, February 8). 6 indoor exercise ideas for kids with ADHD. Next Step 4 ADHD. [https://nextstep4adhd.com/6-indoor-exercise-ideas-for-kids-with-adhd/](https://nextstep4adhd. com/6-indoor-exercise-ideas-for-kids-with-adhd/)

96. Nigg, J. T., & Holton, K. (2014). Restriction and elimination diets in ADHD treatment. Child and Adolescent Psychiatric Clinics of North America, 23(4), 937–953. [https://doi.org/10.1016/j.chc.2014.05.010] (https://doi.org/10.1016/j.chc.2014.05.010)

97. Novotni, M. (2021, May 13). Can't take him anywhere. ADDitude. [https://www.additudemag.com/cant-take-him-anywhere/](https:// www.additudemag.com/cant-take-him-anywhere/)

98. Novotni, M., & Ph.D. (2007, July 10). No judgment. No guilt. Just ADHD support and understanding. ADDitude. [https://www.additu demag.com/youre-not-alone/](https://www.additudemag.com/youre-not-alone/)

99. Oh, the Places You'll Go! (2023). Goodreads. https://www.goodreads.com/quotes/16373-you-re-off-to-great-places-today-is-your-day-your

100. 101 anxiety quotes to help you get through and lift your spirits. (2020, February 1). Parade. https://parade.com/951718/parade/anxiety-quotes/

Continuing the APA format references:

101. Ovcharenko, J. (2023, November 2). I have no patience for my ADHD child! Tips and hacks. Numo. https://numo.so/journal/i-have-no-patience-for-my-adhd-child

102. Pahwa, V. (2023, March 30). 60 insane fill your cup quotes to rehydrate your life. Uprisehigh. https://uprisehigh.com/simplify-life/fill-your-cup-quotes/

103. Parenting teenagers with ADHD. (2023). HealthyChildren. https://www.healthychildren.org/English/health-issues/conditions/adhd/Pages/Effective-Parenting-of-Teenagers-with-ADHD.aspx

104. Phillips, H. (2021, October 22). 6 essential time management practices for kids & teens with ADHD. Exceptional Mindset. https://www.exceptionalmindset.org/post/6-essential-time-management-practices-for-kids-teens-with-adhd

105. Positive affirmation quotes (336 quotes). (2023). Goodreads. https://www.goodreads.com/quotes/tag/positive-affirmation

106. Practicing deep breathing for better physical and mental health. (2023, March 28). One step. https://www.onestep.co/resources-blog/deep-breathing-better-physical-mental-health

107. Pros and cons of ADHD medication. (2010, July). Consumer Reports. https://www.consumerreports.org/cro/2013/01/the-pros-and-cons-of-treating-adhd-with-drugs/index.htm

108. Proust, M. (n.d.). Marcel Proust quotes. Brainy Quote. https://www.brainyquote.com/quotes/marcel_proust_105251

109. Ptacek, R., Weissenberger, S., Braaten, E., Klicperova-Baker, M., Goetz, M., Raboch, J., Vnukova, M., & Stefano, G. B. (2019). Clinical implications of the perception of time in Attention Deficit Hyperactivity Disorder (ADHD): a review. Medical Science Monitor, 25, 3918–3924. https://doi.org/10.12659/msm.914225

110. Rapaport, L. (2017, December 18). Preemies and underweight babies more likely to develop ADHD. Reuters. https://www.reuters.com/article/us-health-adhd-preterm-underweight-idUSKBN1EC2P5/

111. Raymond, J. (2022, May 28). ADHD stigma in children and teens. WebMD. https://www.webmd.com/add-adhd/childhood-adhd/adhd-stigma-children-teens

112. Rees, M. (2023, June 2). ADHD time management tips and suggestions. Medical News Today. https://www.medicalnewstoday.com/articles/adhd-time-management

113. Relaxation techniques: breath control helps quell errant stress responses. (2020, July 6). Harvard Health. https://www.health.harvard.edu/mind-and-mood/relaxation-techniques-breath-control-helps-quell-errant-stress-response

114. Rubia, K. (2018). Cognitive neuroscience of Attention Deficit Hyperactivity Disorder (ADHD) and its clinical translation. Frontiers in Human Neuroscience, 12(100). https://doi.org/10.3389/fnhum.2018.00100

115. Saline, S., & Psy.D. (2021, June 13). When ADHD drains and strains sibling relationships. ADDitude. https://www.additudemag.com/sibling-relationships-adhd-families/

116. Sarris, J., Kean, J., Schweitzer, I., & Lake, J. (2011). Complementary medicines (herbal and nutritional products) in the treatment of Attention Deficit Hyperactivity Disorder (ADHD): a systematic review of the evidence. Complementary Therapies in Medicine, 19(4), 216–227. https://doi.org/10.1016/j.ctim.2011.06.007

117. Sauber Millacci, T. (2021, December 29). How to nurture a growth mindset in kids: 8 best activities. Positive Psychology. https://positivepsychology.com/growth-mindset-for-kids/#definition

118. Schein, J., Adler, L. A., Childress, A., Gagnon-Sanschagrin, P., Davidson, M., Kinkead, F., Cloutier, M., Guérin, A., & Lefebvre, P. (2022). Economic burden of attention-deficit/hyperactivity disorder among adults in the United States: a societal perspective. Journal of Managed Care & Specialty Pharmacy, 28(2), 168–179. https://doi.org/10.18553/jmcp.2021.21290

119. Sciberras, E., Efron, D., Patel, P., Mulraney, M., Lee, K. J., Mihalopoulos, C., Engel, L., Rapee, R. M., Anderson, V., Nicholson, J. M.,

Schembri, R., & Hiscock, H. (2019). Does the treatment of anxiety in children with Attention-Deficit/Hyperactivity Disorder (ADHD) using cognitive behavioral therapy improve child and family outcomes? Protocol for a randomized controlled trial. BMC Psychiatry, 19(1). https://doi.org/10.1186/s12888-019-2276-3

120. Self-Care for parents of kids with behavioral challenges. (2023). Brain Balance Centers. https://www.brainbalancecenters.com/blog/self-care-behavioral-challenges

Continuing the APA format references:

121. Sharon. (2021, November 17). ADHD, emotional regulation and managing family conflict: replacing time-outs with time-in or time-apart. Dr. Sharon Saline. https://drsharonsaline.com/2021/11/16/adhd-emotional-regulation-and-managing-family-conflict-replacing-time-outs-with-time-in-or-time-apart/

122. Sharpe, R. (2021, February 12). 150+ mindfulness quotes to help you live more mindfully. Declutter the Mind. https://declutterthemind.com/blog/mindfulness-quotes/

123. Simone Biles - Sport star acknowledged her diagnosis of ADHD. (2022, August 13). Adhduk. https://adhduk.co.uk/2022/08/13/simone-biles/

124. Singhal, M. (2021). 6 things emotionally intelligent parents do differently. Psychology Today. https://www.psychologytoday.com/intl/blog/the-therapist-mommy/202101/6-things-emotionally-intelligent-parents-do-differently

125. 6 ways to improve communication with kids with ADHD. (2021, February 22). The ADHD Centre. https://www.adhdcentre.co.uk/6-ways-to-improve-communication-with-kids-with-adhd/

126. Sleep program helping ADHD kids rest easier and improve quality of life. (2019, January 22). Murdoch Children's Research Institute. https://www.mcri.edu.au/news-stories/sleep-program-helping-adhd-kids-rest-easier-and-improve-quality-life

127. Smith, M. (2019). HelpGuide.org. https://www.helpguide.org/articles/add-adhd/attention-deficit-disorder-adhd-and-school.htm

128. Song, P., Zha, M., Yang, Q., Zhang, Y., Li, X., & Rudan, I. (2021). The prevalence of adult attention-deficit hyperactivity disorder: a global systematic review and meta-analysis. Journal of Global Health, 11(04009). https://doi.org/10.7189/jogh.11.04009

129. Spurgeon, C. (n.d.). Charles Spurgeon quotes. Brainy Quote. https://www.brainyquote.com/quotes/charles_spurgeon_132220

130. Steck, J. T. (2017, September 6). Fostering resilience and grit in those with ADHD. Children's Resource Group. https://www.childrensresourcegroup.com/fostering-resilience-and-grit-in-those-with-adhd/

131. Steele, C. M. (1988). The psychology of self-affirmation: sustaining the integrity of the self. Advances in Experimental Social Psychology, 21, 261–302. https://doi.org/10.1016/s0065-2601(08)60229-4

132. Stessman, E. (2023, May 3). Can journaling help relieve stress? Experts weigh in on the benefits. Today. https://www.today.com/shop/how-journal-mental-health-benefits-t255576

133. Story, C. M. (2017, September 22). These 6 herbs may help treat ADHD. Healthline. https://www.healthline.com/health/adhd/herbal-remedies#ginkgo-biloba

134. Strahm, C. D. (2020). Parents' experience raising a child with Attention Deficit Hyperactivity Disorder (ADHD). Sigma Repository. https://sigma.nursingrepository.org/handle/10755/19351

135. Tariq, O. (2022, May 31). Stimulant vs non stimulant ADHD meds: key differences. Breining. https://www.breining.edu/wp-content/uploads/2015/08/JADI5SFG.pdf

136. Taylor-Klaus, E. (2021, September 6). 10 Tips to improve communication with your ADHD child's teachers. Impactparents. https://impactparents.com/blog/adhd/tips-to-improve-communication-with-your-childs-teacher/

137. Tewari, A. (2022, August 21). The joy of a gratitude jar and how to make it today. Gratitude - the Life Blog. https://blog.gratefulness.me/gratitude-jar/

138. The Understood Team. (n.d.). How Michael Phelps' ADHD helped him make Olympic history. Understood. https://www.understood.org/en/articles/celebrity-spotlight-how-michael-phelps-adhd-helped-him-make-olympic-history

139. Therapy for ADHD (for Parents). (2017). Kidshealth.org. [https://
kidshealth.org/en/parents/adhd-therapy.html](https://kidshealth.org/
en/parents/adhd-therapy.html)

140. Thompson, C. (2023). The power of yet: growth mindset | Beyond
the Classroom. Beyond the Classroom. [https://beyondtheclassroom.
ca/the-power-of-yet-growth-mindset/](https://beyondtheclassroom.
ca/the-power-of-yet-growth-mindset/)

141. Time management for parents - 14 tips for better family time.
(n.d.). Time Management Success. [https://www.time-management-
success.com/time-management-for-parents.html](https://www.time-
management-success.com/time-management-for-parents.html)

142. Timer, Online Countdown. (n.d.). Online bomb timer. Online-
Stopwatch. [https://www.online-stopwatch.com/bomb-countdown/]
(https://www.online-stopwatch.com/bomb-countdown/)

143. Tolle, E. (n.d.). Eckhart Tolle quotes. Brainy Quote. [https://www.
brainyquote.com/quotes/eckhart_tolle_571595](https://www.brainy
quote.com/quotes/eckhart_tolle_571595)

144. Trebatická, J., Kopasová, S., Hradečná, Z., Činovský, K., Škodáček,
I., Šuba, J., Muchová, J., Žitňanová, I., Waczulíková, I., Rohdewald, P.,
& Ďuračková, Z. (2006). Treatment of ADHD with French maritime
pine bark extract, Pycnogenol®. European Child & Adolescent
Psychiatry, 15(6), 329–335. [https://doi.org/10.1007/s00787-006-0538-3]
(https://doi.org/10.1007/s00787-006-0538-3)

145. Tucker, G. C. (n.d.-a). Astronaut Scott Kelly opens up about
ADHD. Understood. [https://www.understood.org/en/articles/astro
naut-scott-kelly-opens-up-about-his-attention-issues](https://www.
understood.org/en/articles/astronaut-scott-kelly-opens-up-about-his-
attention-issues)

146. Tucker, G. C. (n.d.-b). Channing Tatum on his ADHD and
dyslexia | In the News. Understood. [https://www.understood.org/en/
articles/channing-tatum-on-his-adhd-and-dyslexia](https://www.

understood.org/en/articles/channing-tatum-on-his-adhd-and-dyslexia)

147. 20 journaling prompts for mental health. (2022, November 30). Mindful Health Solutions. https://mindfulhealthsolutions.com/20-journaling-prompts-for-mental-health/

148. Volkow, N. D., Wang, G.-J., Kollins, S. H., Wigal, T. L., Newcorn, J. H., Telang, F., Fowler, J. S., Zhu, W., Logan, J., Ma, Y., Pradhan, K., Wong, C., & Swanson, J. M. (2009). Evaluating dopamine reward pathway in ADHD. JAMA, 302(10), 1084. https://doi.org/10.1001/jama.2009.1308

149. Walt Disney: ADHD and dyslexia. (2023). Studymode. https://www.studymode.com/essays/Walt-Disney-ADHD-And-Dyslexia-8B08977007A6E106.html

150. Walt, M. (2015, May 12). How to recognize ADHD

symptoms at every age. WebMD. https://www.webmd.com/add-adhd/childhood-adhd/features/adhd-symptoms-age

151. WebMD Editorial Contributors. (2023, April 18). ADHD Behavioral Therapy for Kids. WebMD. https://www.webmd.com/add-adhd/childhood-adhd/adhd-behavioral-treatment

152. Who can diagnose ADHD. (2023, January 21). ADHD-BED Integrated. https://adhd.clinic/news-research/who-can-diagnose-adhd/

153. Wilde, E. M., & Welch, G. F. (2022). Attention deficit hyperactivity disorder (ADHD) and musical behavior: The significance of context. Psychology of Music, 50(6), 03057356221081I1. https://doi.org/10.1177/03057356221081163

154. Williams, Y. (2021, May 29). Ten ways parents can be more effective using emotional intelligence. The Guardian Nigeria News. https://guardian.ng/guardian-woman/ten-ways-parents-can-be-more-effective-using-emotional-intelligence/

155. Wirth, J. (2023, June 6). ADHD statistics and facts in 2023. Forbes Health. https://www.forbes.com/health/mind/adhd-statistics/

156. Wright, K. W. (2023, February 10). 100+ quotes about journaling. Day One | Your Journal for Life. https://dayoneapp.com/blog/quotes-about-journaling/

157. Yu, C.-J., Du, J.-C., Chiou, H.-C., Chung, M.-Y., Yang, W., Chen, Y.-S., Fuh, M.-R., Chien, L.-C., Hwang, B., & Chen, M.-L. (2016). Increased risk of attention-deficit/hyperactivity disorder associated with exposure to organophosphate pesticide in Taiwanese children. Andrology, 4(4), 695–705. https://doi.org/10.1111/andr.12183

158. Zhang, T., Sidorchuk, A., Sevilla-Cermeño, L., Vilaplana-Pérez, A., Chang, Z., Larsson, H., Mataix-Cols, D., & Fernández de la Cruz, L. (2019). Association of Cesarean delivery with risk of neurodevelopmental and psychiatric disorders in the offspring. JAMA Network Open, 2(8), e1910236. https://doi.org/10.1001/jamanetworkopen.2019.10236